绿色交通城市实施效果评价

郭 杰 李忠奎 张海颖 凤振华 等 编著

人民交通出版社股份有限公司

北 京

内 容 提 要

本书分为5章，主要阐述了绿色交通的内涵、国外绿色交通发展规律和我国绿色交通发展重点，并在此基础上构建了一套科学合理的、适用于不同类型城市的绿色交通评价指标体系，为绿色交通城市建设的跟踪、评估、验收、考核等工作提供参考依据。

本书主要面向从事绿色交通发展管理和研究等工作的人员参考。

图书在版编目(CIP)数据

绿色交通城市实施效果评价 / 郭杰等编著. — 北京：人民交通出版社股份有限公司，2020.3

ISBN 978-7-114-14906-1

Ⅰ. ①绿… Ⅱ. ①郭… Ⅲ. ①城市交通—交通运输业—绿色经济—经济评价—中国 Ⅳ. ①F512.3

中国版本图书馆CIP数据核字(2018)第167148号

Lüse Jiaotong Chengshi Shishi Xiaoguo Pingjia

书　　名：**绿色交通城市实施效果评价**
著 作 者：郭　杰　李忠奎　张海颖　凤振华　**等**
责任编辑：潘艳霞
责任校对：赵媛媛
责任印制：刘高彤
出版发行：人民交通出版社股份有限公司
地　　址：(100011)北京市朝阳区安定门外外馆斜街3号
网　　址：http://www.ccpress.com.cn
销售电话：(010)59757973
总 经 销：人民交通出版社股份有限公司发行部
经　　销：各地新华书店
印　　刷：北京虎彩文化传播有限公司
开　　本：720×960　1/16
印　　张：8.5
字　　数：150千
版　　次：2020年3月　第1版
印　　次：2020年3月　第1次印刷
书　　号：ISBN 978-7-114-14906-1
定　　价：60.00元

前言

生态文明建设是关系中华民族永续发展的根本大计。党的十八大提出将生态文明建设纳入中国特色社会主义"五位一体"总体布局,努力建设美丽中国。党的十九大明确将"坚持人与自然和谐共生"纳入新时代坚持和发展中国特色社会主义的基本方略。当前,我国经济社会发展已进入新阶段,对能源资源节约和生态环境保护提出了更高的要求,必须将绿色发展作为国家重大战略,加快推动经济社会发展转型升级提质增效。

交通运输作为资源密集型行业,是能源消费和温室气体排放的主要因素之一,是生态文明建设的重要领域,对生态环境会产生重要的影响,节约资源、保护环境责任重大。随着我国城镇化与机动化的快速发展,居民出行需求持续增长,城市环境污染、交通拥堵等问题越来越突出,交通污染成为城市空气污染的主要因素之一,城市绿色交通发展紧迫性不断增强。2016 年中央城市工作会议要求"着力解决城市病等突出问题,不断提升城市环境质量、人民生活质量、城市竞争力,建设和谐宜居、富有活力、各具特色的现代化城市。"这是时隔 37 年后,我国再次召开中央城市工作会议,在"建设"与"管理"两端着力,转变城市发展方式,完善城市治理体系,提高城市治理能力,解决城市病等突出问题，要求我们要加强城市节能减排、拥堵治理，建设绿色交通城市。

本书以建设绿色交通城市为目标，围绕交通运输部绿色交通运输体系建设试点城市工作，研究提出城市绿色交通的内涵、特征及影响因素，构建一套适用于不同类型城市的绿色交通城市评价指标体系，并研究提出一套具有较强系统性和可操作性的测评工作方法体系，为绿色交通城市建设的跟踪、评估、验收、考核等工作提供参考依据。

本书由郭杰总体设计与统稿，李忠奎、张海颖、凤振华、张毅、喻洁、王双、毕清华、车新刚等参与了本书的研究、讨论以及校对工作。在本书的研究与撰写过程中，先后得到了石宝林、周晓航、王先进、徐萍、方海、欧阳斌、王艳、褚春超等领导和专家的指导与帮助。在此，向各位领导和专家表示衷心的感谢！同时，感谢交通运输部科学研究院交通发展研究中心（财政与金融研究中心）的各位同仁对我们研究工作给予的支持与帮助。

鉴于我们的能力和时间所限，书中难免存在不足或缺陷，恳请读者批评、指正！

作　者

2018年6月

目　录

1 概述

1.1 背景介绍

交通运输是发展的“先行官”，同时又是资源消耗型和污染排放型行业，是能源消费和温室气体排放的三大主要来源之一，是生态文明建设的重要领域，其生产活动对生态环境会产生重要影响。面对日益趋紧的资源环境约束和新时代中国特色社会主义生态文明建设新要求、新目标与新部署，交通运输发展的矛盾已经转化为交通发展面临的资源环境承载力与交通运输快速发展不匹配，人民日益增长的优美环境需要与交通运输发展不平衡、不充分之间的双重矛盾。“绿色交通”是交通运输部提出的“四个交通”战略的重要组成部分，未来一段时期，“绿色交通”发展应是以人与自然宁静、和谐发展的现代化交通发展新格局为方向，能够提供更多交通运输优质生态产品，满足人民日益增长的优美生态环境需要的一种交通运输发展方式。建设绿色交通运输体系已成为加快转变行业发展方式、推动交通运输供给侧结构性改革和推进现代交通运输业发展的重要基础，更是实现交通运输可持续发展的内在需要。

为此，交通运输部先后印发了《加快推进绿色循环低碳交通运输发展指导意见》和《交通运输部关于全面深入推进绿色交通发展的意见》等，组织开展了交通运输节能减排区域性[1]与主题性试点示范工作，2011—2016 年期间，共支持了 976 个交通运输节能减排试点项目，其中包括 4 个绿色交通省区域性项目、27 个绿色交通城市区域性项目。要求交通运输主管部门将绿色交通运输体系建设的目标和任务融入城市发展与规划中，将生态文明建设融入交通运输发展的各方面和全过程，凸显绿色交通项目创建工作的战略性、体系性、创新性。

2012 年以来，在交通运输节能减排专项资金支持下，交通运输部组织开展

---

[1] 区域性项目是指某一具体行政区域（或行业领域）内，以其交通运输主管部门（或行业管理部门）为实施主体，以一地区域内绿色交通运输体系系统发展为目的，符合交通运输部相关要求的交通运输节能减排项目，具体包括绿色交通省和绿色交通城市区域性项目两类。

了27个绿色交通城市示范项目创建工作,2015年有10个城市经过3年左右实施完成创建任务。虽然通过了验收考核,但具体项目实施效果如何仍需进一步评估。为此,本书设计了一套评价方法,可以对全国开展绿色交通城市建设的实施效果进行评估。

1.2 绿色交通的内涵与意义

绿色发展理念不是简单地“回归自然”。党中央提出了创新、协调、绿色、开放、共享“五大发展理念”,将绿色发展作为关系我国发展全局的一个重要理念,强调“坚持绿色发展,必须坚持节约资源和保护环境的基本国策,坚持可持续发展,坚定走生产发展、生活富裕、生态良好的文明发展道路,加快建设资源节约型、环境友好型社会,形成人与自然和谐发展现代化建设新格局,推进美丽中国建设,为全球生态安全作出新贡献。”在新的时期,绿色不仅是生命的象征和大自然的底色,更是体现了广大人民群众对美好生活的向往。

从研究层面来讲,绿色发展至少包括以下几个方面:一是节约发展,对可再生资源的开发和利用不能超出其可再生的速率,对不可再生资源的开发和利用不能超出其技术代替的周期,以确保资源的可持续性;二是绿色发展,通过节能减排和节能降耗而提升发展的质量和效益的科学发展的理念和方式,这不仅是支持绿色发展的重要手段,而且是实现绿色发展的基本要求;三是清洁发展,针对环境污染末端治理的弊端而提出的全程控制环境污染的方式,要求通过实现废物的减量化、资源化和无害化的方式来实现科学发展,这与狭义上的绿色发展是相一致的;四是循环发展,实现资源和废弃物的循环利用,不仅可以有效降低环境污染,而且可以促进资源的再生利用,生产和生活中的废弃物不一定会造成污染,关键是要将之放对位置;五是安全发展,要将全部国土(全部的领土、领海、领空)作为一个完整的生态系统来进行规划和管理,切实维护生物和生态的多样性,不断扩大绿色生态空间比重,大力增强水源涵养能力和环境容量,构建科学而合理的生态安全格局;六是和谐发展,公路、铁路、水运、航运等各种交通运输方式的协调,交通运输基础设施建设、运行、管理等实现人与自然的和谐。交通运输行业践行生态文明理念,应当坚持广义上的绿色发展理念,实现节约发展、绿色发展、清洁发展、循环发展、安全发展、和谐发展的统一。

1.2.1 绿色交通相关概念综述

1992年的《环境与发展宣言》将可持续发展作为人类发展的共同战略,在可持续发展框架下，绿色交通理念应运而生。绿色交通是一个全新的认识理念，目前尚无统一的定义。1994 年，加拿大学者克里斯·布拉德肖（Chris Bradshaw）首次对绿色交通的定义进行了阐述，即通过优化发展绿色交通工具，减少交通拥堵，净化城市居住环境，降低能源消耗。最初的绿色交通理念仅仅局限于一种对绿色交通方式的推广，而这种对步行、非机动交通和公共运输工具的推崇，与新城市主义中关于交通和土地利用的一些主张不谋而合，并且相辅相成。绿色交通的概念不断扩展，成为一种更广泛意义上的交通发展方式。杜庄等（2005）运用可持续发展理论讨论了交通与自然环境、社会环境间的相互影响，认为交通的发展首先应该是可持续的，这也是绿色交通的本质内涵。此外，陆蓉等（2006）从交通功能、资源利用和环境保护这三大绿色交通系统目标方面，对理解绿色交通的前提和关键做了明确的阐述。陆化普（2009）指出绿色交通的狭义概念更加强调交通系统的环境友好性，其广义概念包含了推动公交优先发展、促进人们在短距离出行中选择自行车和步行的出行模式，节约能源、保护环境、建立公共交通为主导的城市综合交通系统等。王刚、沈建武（2004）提出“以人为本”的规划思维，通过优先发展公交系统、调整土地利用模式、大力提倡“货运物流化”、加强交通管理、引入 ITS 和使用低污染或无污染交通工具、建立绿色交通环境影响评价体系等建设绿色交通体系。周民良、周群认为（2010）绿色交通体系与传统交通体系相比具有节能、环保、绿色等优点，越来越成为世界各国推进城市可持续发展的重要内容。建设绿色交通体系，符合生态城市建设方向，与建设资源节约型、环境友好型社会，转变发展方式，促进宜居城市建设的发展目标相一致。

1.2.2 绿色交通内涵与特征

综合来看，绿色交通是一种交通运输与经济社会协调发展、与自然生态和谐共生的可持续发展方式，是一种以缓解交通堵塞、降低环境污染、促进资源合理利用为目的，满足城市环境、经济和社会可持续发展要求的协和式交通运输系统，它与解决环境污染问题的可持续性发展概念一脉相承。它强调的是城市交通的“绿色性”，即减轻交通拥挤，减少环境污染，促进社会公平，合理利用资源。其本质是建立维持城市可持续发展的交通体系，以满足人们的交通需求，以最少的社会成本实现最大的交通效率。其内涵丰富，涉及诸多要素，具体可以从不同维度、不同视角来全方位理解和把握。

（1）运输方式（全口径）：绿色交通着眼“大交通”，即全面包括公路、水路、城市交通、铁路、民航、管道等各种交通运输方式。

(2)系统构成(全覆盖):绿色交通全面覆盖绿色基础设施体系、绿色运输装备体系、绿色运输组织体系、绿色科技创新体系、绿色管理服务体系五大子系统。

(3)重点领域(全领域):绿色交通发展的重点领域涵盖节能降碳、资源节约循环利用、污染防治、生态保护等。

(4)实现途径(全方位):绿色交通发展的实现途径体现全方位,主要包括优化结构、提质增效、科技创新、能力建设等手段。

(5)发展环节(全过程):绿色交通发展应体现全生命周期理念,把绿色发展理念和要求贯穿于决策、规划、设计、施工、运营、维护、运输、管理等全过程之中。

(6)发展对象(全要素):绿色交通发展的对象涵盖资源环境的全要素,体现"大绿色"。交通资源节约的对象是土地、岸线、能源、材料等主要资源,而环境友好涉及的对象主要是指大气、水、土壤、声等自然生态环境。

(7)发展主体(全员参与):绿色交通发展的主体包括政府、企业、行业中介组织和社会公众等,形成政府有效推动、企业自觉行动、社会共同参与的绿色发展长效机制。

绿色交通本质是建立维持城市可持续发展的交通体系,以满足人们的交通需求,同时注重节约资源、保护环境和社会公平,是一种与环境、资源、社会三方面相和谐的交通,是实现交通可持续发展的一种有效手段,需要遵循以下原则:

(1)以人为本原则。交通运输行业归根到底是为人服务的,不仅应满足人民生活的基本需求,而且应当满足人民选择交通运输方式的需求,并且能把交通运输的负面影响降到最低限度。良好的交通运输系统必须高效、安全、舒适、便捷、准时,它不以牺牲交通运输的"质"来满足交通运输的"量"。

(2)生态本位原则。生态本位要求处理好交通主体与自然界的关系。人类与自然是一个相互依存的整体。以损害自然界的生物种群来满足人类无节制的需求,只能导致整个生态环境资源的破坏和枯竭,最终危害人类自身。从自然的角度说,人与自然是平等关系,而不是主从关系,更不是征服与被征服的关系。人类要尊重自身,首先要尊重自然,否则必然会遭到自然的报复。人类的价值观并不能仅仅以人本身为最终目标,人类的功利和幸福不能逾越自然所允许的范围。人类只有在与自然协调和谐相处的前提下,才能获得真正持续、健康的功利与幸福。

(3)公平性原则。当代人与后代人享有同等的发展权利,后代人有权拥有足够的发展空间;当代人与后代人享有同等的使用交通运输资源的权利,当代人不能提早耗完交通资源而将交通矛盾转嫁给后代人。不同收入、不同阶层、不同年龄的居民享有平等使用交通运输资源的权利。

(4)协调性原则。交通运输必须协调好以下关系:一是道路交通与土地使用质量之间的关系;二是交通与环境之间的关系,控制汽车尾气及噪声污染,改善人们生活质量;三是交通供需平衡关系,优化居民交通运输方式结构;四是协调动态、静态交通的关系。

(5)延续性原则。交通运输是经济发展的基础和前提条件,交通发展本身不是经济发展的目的,经济发展的终极目标是人民生活改善,社会环境整体提升。改善交通运输不仅仅意味着"道路拓宽""道路网络容量增大"或"新建道路",更重要的是交通运输对整个环境的推动与影响。

上述五大原则是在发展绿色交通时所必须考虑的。在上述原则的前提下,绿色交通的最基本的指导思想是以人为本,对于具体制定发展绿色交通的策略方案,其指导思想主要体现在三个方面:一是以人为本的交通运输规划;二是政府主管的决心与行动,绿色交通的实践,需要各级政府主管的决心,化为实际施政行动,广泛地向群众宣传与承诺,并需要社区和民间企业的共同参与和配合;三是最大可能的公众参与,绿色交通的运输工具选择是一个综合交通运输与生活品质的决定问题,需要社区居民的共识,重新审视新的"人的价值",进而选择绿色交通工具为其生活方式之一。

在一定程度上,绿色交通是交通运输行业生态文明建设的一种有效的手段。绿色发展是交通发展的一个宏观方向,绿色交通是可以实施的具体的交通的重要微观理念;绿色交通只有坚持绿色发展理念才会具有生命力,绿色发展理念通过绿色交通的实施在交通运输领域得以实现。绿色交通必须满足交通的基本目的,就是实现人和物的移动,而非简单的交通工具的移动;它也必须满足交通发展的标准,即:经济的可行性、财政的可承受性、社会的可接受性、环境的可持续性。

2 国内外绿色交通城市发展现状

2.1 国外绿色交通城市发展的一般规律

随着交通运输能源消费和二氧化碳排放的持续快速增长态势，欧盟、美国、日本等国家和地区纷纷将发展绿色交通作为战略重点，积极研究出台相关战略规划、政策法规等，大力推进绿色交通运输体系和评价体系建设。

2.1.1 欧盟

欧盟颁布了一系列措施推动欧洲经济向低碳排放转型。2006 年，欧盟发布《能源效率行动计划》，明确到 2020 年实现节约能源 20% 的目标，并分领域提出 2020 年前的节能目标，交通行业的目标是能源效率提高 26% 。其中与交通相关的关键政策包括修改汽车排放标准、鼓励提高能源效率的投资、推广节能出租车等。2014 年，欧盟通过了 2030 年气候和能源政策框架，规定到 2030 年温室气体排放要比 1990 年减少 40% 以上。

构建泛欧交通运输网络，从各种运输方式独立发展转移到交通设施之间的互联互通与组合应用。随着欧盟经济发展和区域协作的不断深入，要素流通更趋频繁，仅仅依靠单一的运输方式已不能满足低成本、高效率的运输需求，泛欧交通运输网络的实施，加快了欧盟成员国交通基础设施的建设和完善，使欧盟公路、水路、铁路和民航等交通运输网络趋于完善，运输的环保性能大幅提升。欧盟将铁路和沿海港口作为连接欧盟和世界的物流中心，提高了海铁联运能力；提出了 10 项量化减排工作的指标，包括发展和配备可持续型燃油与推进系统、优化基于多式联运的供应链链条、通过信息化和市场激励机制提高交通运输和基础设施运转的效率。

推进城市交通一体化发展，提倡步行或自行车出行。充分考虑土地利用规划、定价方法、高效的公共交通服务、非机动车运输方式及环保车辆充电、加油基础设施等供给因素，制订城市交通发展规划。城市交通发展规划和整体的城市发展规划保持一致，以一个可能的智能城市创新型合作伙伴的形式，形成城市交通一体化。增加步行和骑自行车出行的比例。城市管理者通过为步行及骑车者提供新设施、改进公共信息系统等措施,来调整他们的行为方式。《欧洲一体化交通区域路线图》提出,到 2030 年,城市交通中使用常规燃料的汽车数量减少 50%,到 2050 年全部取消;在 2030 年基本实现中心城市无 CO_2 排放的运输。

研发新技术,实现能源的替代。交通用能的趋势是多采用其他可替代能源,减少对石油燃料的依赖,以改善交通运输业的能源利用效率,优化能耗结构。2011 年,德国政府资助电动汽车研究项目,预计 2020 年电动汽车市场达到 100 万辆,2030 年超过 600 万辆。2014 年,启动欧盟 2020 地平线计划,将安全、清洁、高效能源与交通的新技术开发,列为欧盟应对重大社会挑战的重点优先关键技术。主要包括新兴清洁的太阳能、风能、生物质能、海洋能、核能、燃料电池和提高能效,以及信息通信技术(ICT)在绿色能源与交通领域的商业化应用。为此,2014—2020 年期间,欧盟在上述重点优先领域的循环经济技术研发创新(R&D&I)公共财政资助将超过 40 亿欧元。

欧盟采取了包括税收减免、贷款优惠和直接现金补助等方法,发挥经济杠杆作用,推动交通运输绿色低碳发展。根据明确的能源和 CO_2 组成成分调整机动车燃料税;对重型载货汽车收取道路使用费;制定并发布覆盖交通拥堵、CO_2 污染、噪声和交通事故等在内的道路车辆的内部化收费指导方针。丹麦一直保持着全球最高汽车税,一辆轿车在生产过程中就加了 180% 的税收,环保费一年要缴纳 600 欧元。欧盟还通过搭建基础设施资金框架、促进成员国采用公私合作模式,以及为运输部门设计新的融资工具,如欧盟首发的项目债券等方式,支持提高基础设施使用效率和降低碳排放技术的开发和部署。

2.1.2 美国

制定明确的交通运输排放总量目标。2009 年,美国《清洁能源与安全法案》对美国企业温室气体排放作出限制,要求到 2020 年之前实现排放量比 2005 年水平减少 17%,到 2050 年之前减少 83%。2015 年 3 月,美国国家自主贡献方案(INDC),确定了 2025 年实现温室气体排放量比 2005 年下降 26% ~28%,并将尽力达到 28% 的目标。

优化交通布局,从系统整体降低交通需求,提高运输效率。美国由过去的过分强调州际交通运输逐步转变为重视城市化区域综合交通运输规划与统筹协调。在规划、设计和建设的各个环节,高度重视综合枢纽和大型换乘中心的建设,解决好各种交通方式之间、综合交通网点与线之间、城市对外交通与城市内部交通之间的协调与连接，实现各种交通方式的立体、无缝、便捷连接。

重视低碳车辆技术和能源动力的多元化。早在1993年就推出“新一代汽车合作伙伴计划”(PNGV)，目标是降低汽车三分之二油耗，每十年更新一次计划。该计划使欧洲、日本等汽车工业国家纷纷加速效仿，各自制订了新一代汽车发展计划，引发具有划时代意义的世界汽车技术革命。近年来，美国政府大力推广和使用甲醇燃料、液化天然气燃料、混合动力燃料、生物质燃料、氢燃料等其他新型能源。2002年推出“Freedom CAR计划”，集中于燃料电池汽车的研究；2009年安排24亿美元支持电动汽车的研发、产业化示范运行。2015年，奥巴马政府又推出一系列优惠政策，大力促进插电式混合动力汽车的研发与推广。

将燃料标准、经济激励、车辆监管等融入交通发展政策体系。制定中型及重型车辆的能效及碳排放标准。采取了新能源车辆可减免汽车及汽油消费税收、征收城市和交通高峰期拥挤费、高停车费等积极的经济激励政策，如美国部分州规定新能源车辆可以进入HOV车道(大容量行车道)。建立“可再生燃料标准”，要求到2022年生物燃料总利用量达1362.7亿升(360亿加仑)，减少温室气体排放20%，先进生物燃料利用量为794.9亿升(210亿加仑)，减少排放60%。重视交通环节温室气体排放的基础信息收集工作，建立了多个关于交通环节的温室气体排放状况的相关数据库，开展交通温室气体排放评估机制，以确保减排目标的实现。

2.1.3 日本

创新交通系统，大力发展轨道交通，提高公共交通便利性，减少排放。日本45%的人口集中在东京、关西、名古屋三大城市圈，大城市人口的高度集中，增加了郊区和市中心之间的客流量。为适应这种高密度的城市圈布局，发展容量大、运输速度快的轨道交通系统成为必然选择。日本创新停车换乘系统，驾驶私家车从位于郊外的家前往最近的电车站或公交站，将车停放到停车场后再利用公共交通工具前往市中心，这一交通系统有助于缓解市中心的交通拥堵与减少 CO_2 排放。目前，从东京都圈外部到东京核心区域的人们都在城外停车换乘轨道交通。日本有几十条城市轻轨和地铁组成的立体轨道交通，每天运行旅客数量2000万人次，承担了全部客运量的86%，远远高于纽约的54%、巴黎的37%和伦敦的35%。且99%的线路在三四分钟之内完成换乘，基本可以实现换乘的无缝连接。东京都中心区的交通枢纽站，不管是市内地铁换乘市内电车，还是由市内电车、地铁换乘城郊电车或新干线，大都在站内就可实现，不少车站的出站口直通大型商场、大型娱乐场和公司大楼，避免了人流二次拥堵，对缓解路面交通压力非常有效。

重视科技创新，以技术内涵助推 CO_2 排放的降低。一是日本十分重视能源替代技术、替代燃料和可再生能源的研究，致力于降低交通运输对于传统能源的依存度。包括燃料电池和纯电动汽车、生物质能源研究和智能交通系统构建，并大力研发新能源汽车，其中对燃料电池的相关开发与资金投入就已超200亿日元。二是普及促进电动汽车，扩大电动汽车需求量；建设充电设施，健全充电网络，逐步采用太阳能发电能替代现有发电机制。2014年12月，日本京都府提出“京都府纯电动汽车（EV）和混合动力式汽车（PHV）城镇推进主计划”，该计划是最新的针对电动汽车普及的政策性规划。三是广泛应用智能交通系统（ITS），提高道路使用效率。日本的ITS研究与应用开发主要包括车辆信息与通信系统（VICS）、不停车收费（ETC）建设、先进道路支持系统（AHC）。据统计，VICS系统的使用可节约大约20%时间、节约10%的汽油，每年减少214万吨 CO_2 排放。目前，日本已经建立起全世界最大规模的联网电子不停车收费系统，ETC道路的利用率达到86%，每辆车通过收费处可节省时间5～15秒，节约燃料达6%～12%。

实施能效领跑者和绿色标识制度，引导公众低碳消费。一是实施“领跑者”制度。即以能效最佳产品的能效值（即消耗单位燃油可行走距离，单位为公里/升）为基本设定目标值，确定产品现有最高节能标准，并根据产品技术进步不断修订标准值，产品须在规定年限内达到目标，否则将受到警告、公告、命令、罚款等处罚。二是实施超小型交通工具认证制度。2013年1月，日本公布实施了《超小型交通工具认证制度》，该制度是对超小型电动汽车上路行驶所需制度的完善，放宽了《道路运输车辆法》规定的安全标准。超小型电动汽车是一种可乘坐1～2人的新型汽车，主要用于在市区内短途行驶，由于车体比轻型汽车更小，并且转弯灵活，可达到实现缓解拥堵及低碳化目的。同时，配合这一认证制度的创设，国土交通省在年度补充预算列支“促进采用超小型交通工具事业”，针对先行采用及试行采用超小型交通工具者提供补贴。

总体来看，西方发达国家的绿色交通运输体系建设已经进入了一个较高层次，其更加看重顶层设计带来的节能和减碳效果，主要通过从宏观战略引导、标准制度设计、政策法规制定、能源结构优化等方面来进一步完善绿色交通运输体系。因此，我国的绿色交通运输发展不能仅仅关注于基础设施、装备结构等基础领域的推进，需要从结构节能、管理节能和行为节能的角度，推进绿色交通运输能力建设的步伐，形成可支撑绿色交通城市发展的交通运输组织能力、服务能力和管理能力。

2.2 我国绿色交通城市发展的重心分析

绿色交通是绿色城市建设的重要内容，同时也是绿色城市建设的有力支撑。城市绿色交通是绿色城市的重要标志和必要条件。

2.2.1 我国城市绿色交通发展的现状与特征

“十二五”以来，从建设资源节约型、环境友好型交通运输行业，绿色循环低碳交通运输体系开始，到努力推进新时代绿色交通发展，交通运输行业开展了一系列决策部署与重点工程建设，确定了26个低碳交通运输体系建设试点城市，组织开展了北京、厦门等27个绿色交通城市示范创建。

(1)着手制定因地制宜的绿色交通城市发展战略。所有绿色交通试点城市都已经编制绿色试点实施方案，制定了绿色城市交通发展思路与目标，提出发展重点领域和具体实施项目，确定了工作时间计划表；同时，各城市都开始着手或已经制订了交通运输行业节能减排中长期规划、节能年度行动计划研究等。从宏观管理层面考虑绿色交通城市的发展战略，明确城市绿色交通发展方向，确定绿色交通城市发展目标，指导绿色交通城市的发展。

(2)加强了绿色交通试点示范行动。借助国家大力支持绿色交通发展的契机，全国大部分城市都积极参与到国家试点示范工作中，如“万家企业节能绿色行动”“车船路港”千家企业绿色交通运输专项行动、交通运输节能减排示范项目、全国甩挂运输试点工程等，部分城市已经设立了城市交通运输行业绿色建设试点示范实施管理平台，构建部、省、市三级的示范模式，对节能减排新技术、新材料、新工艺等进行推广和应用。

(3)加大交通运输节能减排资金投入。一些省交通运输厅和市政府都加大了财政预算内投资、财政节能减排专项资金和交通科技专项资金投入力度。广州、烟台等部分城市还设立了市级交通运输节能减排专项资金，用于支持城市绿色交通发展，鼓励绿色交通先进技术、设备、工艺的研发和市场化推广。

(4)交通运输节能减排宣传培训得到加强。许多城市和重点企业都定期组织对员工进行节能知识和技能培训，组织开展节能竞赛活动。同时加强对节能减排管理工作者的培养，派专业人员参加全国节能减排专业知识培训和学习。

同时，还积极开展“节能宣传周”“能源短缺体验日”等活动，发放宣传材料，在收费站、服务区悬挂标语横幅，利用高速公路电子显示屏播放宣传口号，同时加强与新闻媒体合作，加大节能减排宣传力度，营造了良好的宣传氛围。

通过宣传培训，无论是交通运输从业者还是公众，都对绿色交通的认识和理解有了大幅的提升。

从整体来看，我国城市绿色交通运输发展具有过程渐进性、外源依赖性、技术经济性和综合多样性等多方面的特征。

(1)过程渐进性。绿色交通运输发展是力求不断“降碳”的过程。由于交通基础设施过程需要大量原材料和土地等资源，运输工具必须依赖能源驱动，除非人类彻底摆脱对化石能源的依赖，否则交通运输很难实现无碳化，也不能依靠自身系统内部达到碳中和，只能是不断绿色化的发展过程。

(2)外源依赖性。交通运输行业是一个服务性行业，要逐步“脱碳”，对外部“源”的减碳依赖性很高。从需求的角度，有赖于人们的理性消费、产业结构的优化，约束高碳刚性需求；从能源的角度，有赖于绿色新能源革命提供尽可能多的洁净能源，为优化交通运输用能结构创造条件；从设备的角度，有赖于技术进步，生产制造出低能耗、低排放、燃油经济性好的车辆、船舶等运输工具。

(3)技术经济性。除去外源性依赖，交通运输领域自身节能和减排的潜力很大，其主要手段是节能和减排技术的不断创新。可以期待的节能减排技术很多，包括运输组织技术、智能交通技术、车辆能效技术、新能源利用技术、运输工具排放监测技术等，无论单一技术的创新推广，还是各种技术的集成应用，都涉及碳效率的技术经济分析，避免绿色技术高碳开发。

(4)综合多样性。一方面，绿色交通是一项系统性很强的工作，无论是交通运输系统的规划、建设、维护、运营、运输，还是交通工具的生产、使用、维护，乃至相关制度和技术保障措施、人们的出行模式或运输消费模式等，都需要用“绿色化”的理念予以改造和优化。另一方面，交通运输绿色化的手段是多样的，既包含技术性减碳(如节能技术应用)，也包括结构性减碳(如通过优化网络结构、运力结构等提高能效)，还包括制度性减碳(如市场准入与退出机制)。另一方面，交通运输绿色化的途径是双向的，既包括“供给”或者“生产”方面的减碳(即提供一个更绿色的交通运输服务系统)，也包括“需求”或者“消费”层面的减碳(如引导公众理性选择出行方式，鼓励乘用公交或者骑自行车等)。

2.2.2 我国城市绿色交通发展的问题与成因

按照“十二五”交通运输行业发展的目标与要求，我国城市绿色交通目前的发展阶段仍然与目标有相当的距离，并且随着“十二五”时期经济社会发展和民生的持续改善，交通运输能源消耗仍会继续保持较快增长势头，交通运输行业节能减排的工作任务仍将十分艰巨。

(1)节能减排机构、人员、经费需进一步保障。当前,国家高度重视节能减排工作,在实施节能减排目标责任制层层考核问责的形势下,交通运输作为节能减排的重点领域,工作任务相当繁重。但从做好节能减排工作必需的保障条件来看,各城市还缺乏专门的交通运输节能减排行政管理机构和配备专门的工作人员,许多城市的财政资金对节能减排工作的扶持与奖励资金投入较小,下一步必须在节能减排机构、人员、经费上给予充分保障。

(2)统计监测基础薄弱,监管能力需要进一步提升。大部分城市,尤其是地级市以下的中小城市,交通系统能耗排放测算缺乏统一标准,现行交通行业统计制度存在口径不完整、统计指标脱离交通运输行业实际。重点用能企业、计量器具参差不齐,能源管理水平不一。交通节能减排标准缺乏,管理工作缺乏抓手。基本数据家底不清,亟须加快交通行业节能减排统计与监测平台建设。节能减排技术支撑相对较弱,重点实验室建设、监测监控平台建设、能源管理中心建设,还有待加强。

(3)体制机制有待完善,配套政策亟须跟进。目前,许多城市现行交通管理体制还没有理顺,工作机制还没有理清,亟待建立全口径、全周期的大交通管理模式。特别是作为能耗大户的社会车辆节能减排缺乏有效监管,政策导向不明显,亟待纳入行业管理。另外,自行车出行比例有所萎缩,政策环境、出行条件有待改善。同时,在交通节能财税政策、产业政策、专项扶持投入、示范引导激励等方面尚未形成配套体系,在加强行政手段的同时,还需进一步发挥经济手段作用。

2.2.3 我国城市绿色交通发展的内涵、特征与影响因素

城市绿色交通发展就是以城市空间为载体来建设绿色交通运输体系,是指以绿色交通为发展模式及方向、市民以绿色出行为理念和行为特征、政府公务管理层以绿色交通运输体系为标本和蓝图的城市。其基本内涵是,以低能耗、低排放、高效率、高效益为特征的城市绿色交通运输体系为核心,以建设节能绿色型交通基础设施网络、推广绿色运输装备、推广绿色运输组织模式和操作方法、建设智能交通服务与管理体系、绿色交通能力保障体系为主要内容,以调整交通运输结构、提升绿色发展理念、创新绿色交通技术、加快智能交通建设、引导绿色出行、提升绿色管理能力为重点,以实现交通运输可持续发展、促进绿色城市建设为根本目的,从而达到最大限度减少交通运输行业温室气体排放的目的。

城市绿色交通是一个系统化的发展理念、发展模式,主要可以从以下几个

方面分析其影响因素：

(1)绿色交通基础设施网络的建设。城市交通布局与建设，有效引导城市空间拓展和布局优化调整；综合交通枢纽的作用进一步强化，铁路、公路、水运、航空、管道等多种运输方式协调发展，对外海陆空多方式交通高效衔接，对内各种交通站线无缝对接、居民出行畅通便利，基本形成立体化、智能化、快捷高效的现代综合交通网络体系。绿色建设理念全面树立，在交通基础设施的设计、施工、养护、运营的全过程全面贯彻绿色发展理念，绿色设计理念、标准规范、建造技术、材料设备、管理方法得到推广应用，实施绿色优化设计，强化绿色施工组织和运营管理，合理使用绿色建设和运营管理技术、设施、设备、材料、工艺等。

(2)绿色交通运输装备的推广应用。城市公交车辆、出租汽车、营运车辆、船舶和港口装卸设备结构优化，大型化、专业化和标准化水平较高，营运货车中集装箱及厢式车辆比重较高；新能源、节能环保型运输装备得到广泛应用，LNG、LPG 等替代能源、清洁能源消费比重明显上升，交通运输能源消费结构更加合理；新增运输装备达到较高能效水平；适应节能绿色技术的产品在交通运输装备领域得到广泛应用，运输装备现代化程度进一步提高。

(3)绿色高效交通运输组织模式的广泛应用。各种运输方式之间有效衔接，运输系统整体效率达到较高水平。甩挂运输、多式联运等集约高效的物流运输组织模式得到推广，推进大宗货物和集装箱水铁联运。城市公交、客运班线的线网布局和站场布局较为合理，城乡客运一体化程度较高。运输生产组织管理能力明显增强，组织化水平明显提升，客货运输实载率达到较高水平；运输组织结构和经营结构合理，运输企业规模化、集约化水平明显提高，物流社会化、专业化水平明显提高；结构性节能减碳潜力得到充分挖掘，水运比较优势得到充分发挥，公交优先战略得到全面落实，能因地制宜采取各种有效措施缓解城市交通拥堵；市民具有较强绿色出行意识，公共交通分担率和非机动出行比例达到较高水平，节能绿色驾驶与操作经验得到广泛推广。

(4)智能交通服务与管理水平的提高。绿色交通运输科技创新体系较为健全，具有较强的创新能力，形成一批适应绿色交通运输发展需求的关键技术；具有较强的绿色交通科学素养与技术能力，技术标准规范体系较为完善，技术服务能力较强；节能绿色技术与产品推广应用水平较高，绿色科技可为绿色交通运输体系建设提供强有力的支撑保障。交通运输服务与管理的信息化水平较高，物联网技术在交通运输领域得到较快的推广应用，城市智能化公共交通与运营管理工程、港口车辆和装卸机械智能化调度系统和无纸化作业等得到较好的应用，城市智能交通物联网技术应用发挥实效，实现“动态感知，主动管理”的目标；交通运输生产、运营的智能化程度整体达到较高水平。基本建成功能完善的公众出行信息服务系统，可为公众提供更便捷、更优质的绿色交通出行服务。

(5)绿色交通运输管理体系的健全。全行业节能绿色意识和素质明显提高；交通运输节能减排与绿色发展统计监测考核体系基本建立，较为健全的节能减排和应对气候变化的管理制度和运行机制基本形成，绿色交通运输战略规划体系、政策法规体系、标准规范体系较为完善，绿色监管能力和支撑保障水平明显增强；建立与绿色交通运输体系建设相适应的人才工作管理体制和运行机制，形成一支总量适度、结构合理、素质优良的绿色交通建设与管理人才队伍。形成较为完善的交通运输碳排放管理体系，适应国际国内节能减排与绿色发展的实际需要。

3 绿色交通城市评价指标体系

城市绿色交通评价指标体系是用来描述交通运输系统在能源使用和二氧化碳排放等诸多影响方面的协调发展状况必不可少的工具和手段,可以用来监测交通运输系统发展中存在的矛盾和问题,调整交通运输系统的发展方向。城市绿色交通运输体系是涉及众多因素和变量相互作用、相互制约的复杂系统。因此,对于城市绿色交通评价指标体系的研究,不仅要考虑指标体系能够确切反映城市绿色交通发展水平,而且也需要考虑指标体系的逻辑严密性以及与交通运输发展实际的符合性。

3.1 绿色交通城市评价指标的选取原则

基于交通运输行业节能减排和绿色发展内容的系统性和复杂性,构建绿色发展状况评价指标体系应遵循如下原则:

(1)科学性原则。指标体系应建立在科学基础上,指标概念必须明确,指标与目标必须一致,各指标应协调一致并保持相对独立性,体现交通运输行业的绿色发展状况评价的内涵,突出交通运输行业绿色发展状况评价的系统目标。

(2)系统性原则。应将交通运输行业绿色发展体系作为一个相对独立的整体,置身于社会经济大系统中,并从这个大系统中研究交通运输行业绿色发展与经济发展、社会进步等因素之间的关系。不能孤立地研究绿色发展目标,应通过设计的指标体系,系统全面地反映现象内在的本质。

(3)简明性原则。选择的指标宜少而精,应尽可能简单明了,并具有代表性,能够全面、准确地反映整体目标,不可偏废,重要指标不可遗漏。指标的设置要围绕评价目的有针对性地加以选择,在满足全面性和独立性的前提下,指标体系应尽可能简洁明晰,避免给评价、分析比较造成困难和混乱。

(4)可比性原则。评价指标设置应尽可能采用通用的名称、概念和计算方法,使各相关指标具有可比性;同时,也要考虑时间序列和地区间的可比性问题,以利于进行横向、纵向的对比分析。

(5)适用性原则。设置指标的目的是为分析评价结果,因此所选的指标不仅要有明确的含义,而且要有一定的外在表达形式,能够直接计算测量或观察得到,这样才能在工作中应用,具有可操作性,尽可能利用已有的或常用的统计数据和调查方法加以确定,以保证指标的适用性和有效性。

(6)可操作性原则。指标体系的设计应尽可能考虑评价指标体系的可用性,主要从指标数据可得性、指标范围可界定、操作成本不高、指标体系符合地方实际、评价过程中不给被评价部门增加负担等方面进行设计,从而可以使评价结果准确可信、方便推广,在将来逐步形成一种长期评价机制。

3.2 绿色交通城市评价指标的构建

评价指标体系的建立必须首先确定体系框架,这个框架就是用于描述特定对象特征的解释系统,因此,体系框架的构建是建立评价指标体系的关键环节。构建体系框架的重点是选取合适的评价指标,指标的选取直接影响到评价的结论。评价指标的选取并不是越多越好,太多容易引起相关性较强的指标间互相干扰,太少可能缺乏足够代表性,导致结果的片面;每一项指标都从一个方面反映评价对象的某些信息,如何正确、科学地使用这种信息,就是综合评价要解决的问题。

3.2.1 指标体系纵向结构说明

(1)综合得分。主要反映评价指标之间关系的协调发展程度,用一个综合得分表达。

(2)评价类别。为了达到城市绿色交通运输体系发展的目的,分别由对应的指标组成专题分类指标体系,在本研究框架中起着对大量有关信息进行分类和综合集成作用,从而形成一个有明确意义的分类别指数。

(3)评价内容。主要反映各类别需要考虑哪些方面要素,发掘和寻找合适的内容来全面和具体地反映城市绿色交通运输发展的属性特征,作为一个连接评价内容与下一层的原始指标的作用层。

(4)评价指标。主要用来反映各要素层的具体内容,它是由各单项原始指标组成。原始指标的构建需要统筹全面又要兼顾公平,因此在指标的选择上更多选用相对指标,这样使得指标体系不仅能够反映单个城市自身各方面情况,而且还可以对不同城市间绿色交通发展状况进行对比。

3.2.2 指标体系横向结构说明

如前者所述,城市绿色交通运输评价指标体系是由两个方面的评价类别组成的,每个方面的指数各自反映了交通绿色化某一特定方面。

(1)综合性指标。

①能源强度指标。

为体现城市交通综合能耗使用效率水平,选取营运车辆单位运输周转量能耗(A1)、营运船舶单位运输周转量能耗(A2)、港口生产单位吞吐量能耗(A3)、城市公交单位客运量能耗(A4)、城市出租汽车单位客运量能耗(A5)等指标,该系列指标为否决性指标。

②碳排放强度指标。

为体现城市交通碳排放强度水平,选取营营运车辆单位运输二氧化碳排放(A6)、营运船舶单位运输二氧化碳排放(A7)、港口生产单位吞吐量二氧化碳排放(A8)、城市公交单位客运量二氧化碳排放(A9)、城市出租汽车单位客运量二氧化碳排放(A10)等指标,该系列指标为否决性指标。

③污染物控制指标。

主要污染物排放强度下降率(A11)= 当年交通运输主要污染物排放强度/2015 年交通运输主要污染物排放强度。

(2)基础设施。

①综合运输线网络。

综合运输线网衔接情况(B1):公路、水路、铁路、民航、管道线网总体发展情况及相互衔接程度。

综合运输枢纽建设情况(B2):提供包含公路运输、城市公交、城市出租汽车、城市轨道交通、水路运输、铁路、民航等交通运输服务的综合运输枢纽建设情况。

②公路。

公路网综合密度(B3):公路网综合密度 = 里程/(面积 × 人口)。

路网等级结构(B4):按照公路等级划分,高等级公路里程占公路总里程的比重。

路面铺装率(B5):当地道路有铺装路面道路里程占总里程的比重。

道路绿化率(%)(B6):道路绿化率 = 城市道路绿化里程/城市道路里程。

高速公路与城市路网的衔接程度(B7):高速公路与城市道路路网的衔接情况。

公路路面材料循环利用率（%）（B8）：依据《交通运输部关于加快推进公路路面材料循环利用工作的指导意见》（交公路发〔2012〕489 号），具体指路面旧料回收循环利用率（含回收后再利用和就地利用）。

新能源在公路工程中的应用情况（B9）：太阳能、风能等照明及监控技术在隧道、服务区、收费站等公路设施建设及运营中的应用情况。

客运枢纽换乘便利性程度（B10）：公路客运枢纽内，公路客运与城市客运的换乘便利性。

货运衔接便利性程度（B11）：其他货运方式与公路货运及公路货运中转衔接便利性情况。

施工机械节能技术应用情况（B12）：指公路施工机械节能技术的推广应用情况。

公路噪声治理情况（B13）：通过隔音障、橡胶粉改性沥青路面等技术降低公路的噪声污染。

高速公路服务区污水处理和回用情况（B14）：高速公路服务区修建污水处理系统处理和回收利用污水的情况。

③城市公交。

市公交线网密度（千米/平方千米）（B15）：城市公交线网密度 = 市区公交线网长度/市区面积。

公交站点覆盖率（500 米）（%）（B16）：城市公共站点 500 米覆盖率 = 建成区公共站点 500 米覆盖面积/建成区面积。

每万人城市快速公交里程数（含公交专用道和轨道交通）（千米/万人）（人口以国家统计局统计城市常住人口为准）（B17）：每万人城市快速公交里程数 =（城市公交专用道 + 轨道交通）/人口数。

城市自行车专用道建设情况（B18）：城市建成区范围内自行车专用道的建设情况。

城市行人步道建设情况（B19）：城市建成区范围内行人步道的建设情况及行人步道与城市公共汽车站、城市轨道交通车站等车站的衔接便利性情况。

城市交通信号灯运行效率（B20）：城市建成区范围内城市道路设置红绿灯路口的车辆通行效率。

天然气加气站、充电站建设情况（B21）：用于车辆加气或充电的天然气加气站、充电站建设情况及使用便捷程度。

④水路。

五级以上内河航道比重（%）（B22）：五级以上航道里程占所有航道里程的

比重。

沿海港口万吨级以上泊位比重(%)(B23):沿海港口万吨级以上泊位个数占沿海港口总泊位个数的比重。

内河港口300吨以上泊位比重(%)(B24):内河港口300吨以上泊位个数占内河港口总泊位个数的比重。

港口新能源使用情况(B25):港口推广太阳能、潮汐能、风能、地源、海水源、空气源热泵等新能源利用技术情况。

太阳能一体化航标灯应用情况(B26):太阳能一体化航标灯在本市水运中的应用情况。

港口粉尘综合防治情况(B27):对港口码头煤炭、铁精砂等存货由于料细质轻,在储放和转运装卸的过程中(如料跺、堆场、卸船机、转运皮带落料点等位置)引起的粉尘污染的防范和治理情况。

港口污水综合处理情况(B28):对港口码头工业废水和生活污水的处理情况。

(3)运输装备。

①营运车辆。

节能绿色型营运车辆占营运车辆比重(%)(C1):混合动力、天然气动力、生物质能和电能营运车辆数占全市营运车辆总数比重。

节能绿色型公交车辆占公交车比重(%)(C2):混合动力、天然气动力、生物质能和电能公交车车辆数占全市公交车车辆总数比重。

节能绿色型出租汽车占出租车比重(%)(C3):混合动力、天然气动力、生物质能和电能出租车车辆数占全市出租车车辆总数比重。

厢式货车和集装箱货车占比(%)(C4):厢式货车和集装箱货车占比 = 全市拥有厢式货车和集装箱货车车辆数(辆)/全市货车车辆总数(辆)。

每万人拥有的公交车标台数(标台/万人)(C5):万人公交车辆保有量 = 全市公交车辆保有量(标台)/全市人口数(万人)。

营运货车平均吨位(吨/辆)(C6):营运货车平均吨位 = 营运载货汽车吨位数/营运载货汽车车辆数。

车辆节能绿色新技术应用情况(C7):在用车辆中推广应用柴油机清洁技术、能量回收技术、热能管理技术等节能新技术的情况。

②营运船舶。

内河船舶标准化率(%)(C8):投入使用的内河船舶是否符合交通运输部发布的《全面推进全国内河船型标准化工作指导意见》和《内河运输船舶标准船

型指标体系》中规定的标准化水平。

老旧船舶淘汰情况(C9):达到淘汰标准的老旧船舶淘汰情况。

沿海船舶平均吨位(C10):沿海船舶平均吨位 = 沿海营运船舶净载重量(吨)/沿海船舶艘数(艘)。

内河船舶平均吨位(吨/艘)(C11):内河船舶平均吨位 = 内河船舶净载重量(吨)/内河船舶艘数(艘)。

节能绿色型船舶应用程度(C12):船舶混合动力技术及太阳能、风能、天然气、热泵等船舶生活用能技术在船舶中的应用情况。

船舶节能减排新技术应用情况(C13):船用热泵技术、低表面能涂料、余热回收技术及气膜减阻技术在内河船舶上的推广应用情况。

船舶污水接收处理情况(C14):油污水、黑水、厨房灰水、洗涤灰水等船舶污水的接受和处理情况。

船舶垃圾接收处理情况(C15):生活垃圾、油渣、废油垃圾等船舶垃圾的接受和处理情况。

③港口机械。

港口 RTG“油改电”情况(C16):港口 RTG“油改电”与新购 ERTG 数量占总 RTG 数量比重。

岸电技术应用情况(C17):港口泊位为靠港船舶提供使用电能的设施与装备的安装建设情况。

港口装卸新技术应用情况(C18):电能驱动和变频控制的港口装卸设备等新技术在港口装卸中的推广应用情况。

(4)运输组织。

①综合运输。

多式联运发展情况(D1):各种运输方式联运发展情况。

水运与铁路货运承运比重(%)(D2):表现为城市水路货物运输量和铁路货物运输量占社会总货运量的比重。

城乡客运一体化程度(D3):城市与周边城镇之间客运一体化情况。

第三方物流发展水平(D4):第三方物流发展情况。第三方物流是指由物流劳务的供方、需方之外的第三方去完成物流服务的物流运作方式。

滚装运输、江海直达运输发展情况(D5):滚装运输、江海直达运输发展情况。滚装运输是指使用“滚装船”连车带货一起装运的一种水上运输方式。

②公路水路运输。

甩挂运输开展应用情况(%)(D6):甩挂运输推广和使用效果的调查情况。

营运货车里程利用率(%)(D7):营运货车里程利用率=(总里程-空驶里程)/总里程。

营运客车实载率(%)(D8):营运客车实载率=里程利用率×客位利用率=[(总里程-空驶里程)/总里程]×(实际载客位数/核定载客位数)。

道路货运经营业户平均拥有车辆数(辆/户)(D9):道路货运经营业户平均拥有车辆数=道路货运经营业户拥有车辆数/道路货运经营业户户数。

内河货运经营业户平均拥有船舶数(艘/户)(D10):内河货运经营业户平均拥有船舶数=内河货运经营业户拥有船舶数/内河货运经营业户户数。

港口联运比例(铁水联运和水水中转)(%)(D11):港口联运比例=港口联运货运量/港口货物吞吐量。

③城市公交。

公交出行分担率(不包含步行出行)(%)(D12):城市居民出行方式中选择公共交通(包括常规公交和轨道交通)的出行量占总出行量的比率,这个指标是衡量公共交通发展、城市交通结构合理性的重要指标。

非机动化出行比例(%)(D13):非机动化出行比例=非机动出行量/总出行量。

公众出行满意率(%)(D14):指社会公众对城市出行基础设施、服务水平、便利条件等方面的满意程度。

公交车空位率(%)(D15):公交车运营时间空位数占总座位数的比重。

公交车正点率(%)(D16):公交车到站时间与要求时间的相符程度。

出租车里程利用率(%)(D17):出租车里程利用率=(总行驶里程-空驶里程)/总行驶里程。

共乘交通发展情况(D18):指出租车合乘、班车、校车等共乘交通发展情况。

公共自行车推广情况(D19):指城市政府及有关部门组织购买投放公共自行车、规划建设公共自行车停放设施、建立公共自行车租赁信息系统等推广公共自行车的情况。

交通拥堵指数(D20):用多余时间与原本用时的比例来衡量一个地区的交通拥堵状况。

(5)智能交通与信息化。

公众出行信息服务系统应用(E1):包含公众出行服务系统、地理信息系统平台、数据库管理系统、呼叫服务管理系统、短信服务系统、信息管理中心、外场设备等部分组成的提供出行信息服务的信息化管理平台。

城市公交智能调度系统应用（E2）：为公交企业提供智能化服务管理、应急指挥等方面的应用程度。

出租车智能调度系统应用（E3）：为出租汽车企业提供服务管理及应急指挥等的调度系统。

物流公共信息平台应用（E4）：为物流企业提供物流信息服务、应急调度等信息化智能管理平台。

物联网技术在道路运输中应用（E5）：无线射频识别（RFID）、智能标签、智能化分拣、条形码技术等物联网技术在本市道路运输中的应用情况。

港口智能调度系统应用（E6）：为港口企业提供服务管理及应急指挥等的调度系统。

高速公路不停车收费（ETC）系统应用（E7）：在高速公路上拥有 ETC 车道的收费站数量占收费站总数的比重。

内河智能导航系统应用（E8）：为内河船舶提供导航服务的信息系统。

内河船舶免停靠报港信息服务系统应用（E9）：为内河船舶提供免停靠报港信息服务的信息系统。

（6）管理能力建设。

主要考察组织与机构情况（F1）、节能减排工作协调机制建立情况（F2）、企业联系制度建立与运行情况（F3）、节能减排目标责任评价考核制度（F4）、节能减排市场机制推进情况（F5）、交通运输节能减排统计监测体系建设（F6）、节能减排法规标准制度完善程度（F7）、节能减排经济激励政策（财税优惠）完善程度（F8）、交通节能减排规划、计划制订实施（F9）、节能产品、技术组织推广（F10）、节能驾驶与操作技术培训与推广（F11）、城市交通供求管理政策完善程度（F12）、宣传培训（F13）。

（7）特色指标。

设置一些能够反映城市绿色交通发展特色的指标，对城市在这些方面的特色进行鼓励。

城市交通运输整体形象（G1）：城市交通网络布局、交通环境、社会氛围、市民绿色交通意识等城市交通运输整体形象情况。

公共交通导向（TOD）理念在城市规划中应用情况（G2）：公共交通导向（TOD）理念在城市新城建设或旧城改造规划中的应用情况。

绿色试点示范（G3）：入选国家、各部委有关绿色试点示范的情况。

城市荣誉称号（G4）：城市获得国家、有关部委授予的节能绿色相关荣誉称号情况。

绿色交通试点城市评价指标设置见表3-1。

绿色交通试点城市评价指标设置　　表3-1

评价内容	权重	评价范围	编号	评价指标
综合性指标	21	能源强度指标	A1	营运车辆单位运输周转量能耗
			A2	营运船舶单位运输周转量能耗
			A3	港口生产单位吞吐量能耗
			A4	城市公交单位客运量能耗
			A5	城市出租汽车单位客运量能耗
		碳排放强度指标	A6	营运车辆单位运输周转量二氧化碳排放
			A7	营运船舶单位运输周转量二氧化碳排放
			A8	港口生产单位吞吐量二氧化碳排放
			A9	城市公交单位客运量二氧化碳排放
			A10	城市出租汽车单位客运量二氧化碳排放
		污染物控制指标	A11	化学需氧量(COD)、总悬浮颗粒物(TSP)等主要污染物排放强度下降率(相比于2010年)
基础设施	28	综合运输网络	B1	综合运输线网衔接情况
			B2	综合运输枢纽建设情况
		公路	B3	公路网综合密度
			B4	路网等级结构
			B5	路面铺装率
			B6	道路绿化率
			B7	高速公路与城市路网的衔接程度
			B8	公路路面建设材料循环利用率
			B9	新能源在公路工程中的应用情况
			B10	客运枢纽换乘便利性程度
			B11	货运衔接便利性程度
			B12	施工机械节能绿色技术应用情况
			B13	公路噪声治理情况
			B14	高速公路服务区污水处理和回用情况
		城市公交	B15	城市公交线网密度
			B16	公交站点覆盖率(500米)
			B17	每万人城市快速公交里程数(含公交专用道和轨道交通)

续上表

评价内容	权重	评价范围	编号	评价指标
基础设施	28	城市公交	B18	城市自行车专用道建设情况
			B19	城市行人步道建设情况
			B20	城市交通信号灯运行效率
			B21	天然气加气站、充电站建设与使用情况
		水路	B22	五级以上内河航道比重
			B23	沿海港口万吨级以上泊位比重
			B24	内河港口 300 吨以上泊位比重
			B25	港口新能源使用情况
			B26	太阳能一体化航标灯应用情况
			B27	港口粉尘综合防治情况
			B28	港口污水综合处理情况
运输装备	18	营运车辆	C1	节能绿色型营运车辆占营运车辆比重
			C2	节能绿色型公交车辆占公交车比重
			C3	节能绿色型出租汽车占出租车比重
			C4	厢式货车和集装箱货车占比
			C5	每万人拥有的公交车标台数
			C6	营运货车平均吨位
			C7	车辆节能绿色新技术应用情况
		营运船舶	C8	内河船型标准化率
			C9	老旧船舶淘汰情况
			C10	沿海船舶平均吨位
			C11	内河船舶平均吨位
			C12	节能绿色型船舶应用程度
			C13	船舶节能绿色新技术应用情况
			C14	船舶污水接收处理情况
			C15	船舶垃圾接收处理情况
		港口机械	C16	港口 RTG“油改电”情况(含新购 ERTG)
			C17	岸电技术应用情况
			C18	港口装卸节能减排新技术应用情况

续上表

评价内容	权重	评价范围	编号	评 价 指 标
运输组织	20	综合运输	D1	多式联运发展情况
			D2	水运与铁路货运承运比重
			D3	城乡客运一体化程度
			D4	第三方物流发展水平
			D5	滚装运输、江海直达运输发展情况
		公路水路运输	D6	甩挂运输开展应用情况
			D7	营运货车里程利用率
			D8	营运客车实载率
			D9	道路货运经营业户平均拥有车辆数
			D10	内河货运经营业户平均拥有船舶数
			D11	港口联运比例(铁水联运和水水中转)
		城市公交	D12	公交出行分担率(不包含步行出行)
			D13	非机动化出行比例
			D14	公众出行满意率
			D15	公交车空位率
			D16	公交车正点率
			D17	出租车里程利用率
			D18	共乘交通发展情况
			D19	公共自行车推广情况
			D20	交通拥堵指数
智能交通与信息化	4.5	智能交通与信息化	E1	公众出行信息服务系统应用
			E2	城市公交智能调度系统应用
			E3	出租车智能调度系统应用
			E4	物流公共信息平台应用
			E5	物联网技术在道路运输中应用
			E6	港口智能调度系统应用
			E7	高速公路不停车收费(ETC)系统应用
			E8	内河智能导航系统应用
			E9	内河船舶免停靠报港信息服务系统应用

续上表

评价内容	权重	评价范围	编号	评 价 指 标
管理能力建设	6.5	机构与运行机制	F1	组织与机构情况
			F2	节能减排工作协调机制建立与运行情况
			F3	企业联系制度建立与运行情况
			F4	节能减排目标责任评价考核制度
			F5	节能减排市场机制推进情况
			F6	交通运输节能减排统计监测体系建设
		政策措施	F7	节能减排标准规范执行程度
			F8	节能减排经济激励政策(财税优惠)完善程度
			F9	交通节能减排规划、计划制订实施
			F10	节能产品、技术组织推广
			F11	节能驾驶与操作技术培训与推广
			F12	城市交通供求管理政策完善程度
			F13	宣传培训
特色指标	2	—	G1	城市交通运输整体形象
			G2	公共交通导向(TOD)理念在城市规划中应用情况
			G3	绿色试点示范
			G4	城市荣誉称号

4 绿色交通城市发展的评价方法研究

4.1 评价思路

按照目标明确、责任落实、措施到位、奖惩分明的基本要求，坚持以科学发展为主题、以加快转变交通运输发展方式转变为主线，坚持政府推动、方案先行、示范带动、重点推进的原则，建立健全绿色交通城市评价制度，强化政府和企业责任，发挥节能减排与绿色发展政策指挥棒作用，确保实现绿色交通运输体系建设目标。

4.2 评价对象

城市交通运输主管部门，按照人均生产总值达到60000元[1]为门槛，把试点城市划分为两类，A类城市的城市人均生产总值达到60000元人民币以上，属于经济发展较发达地区，对此类城市绿色交通发展要求较为严格；B类城市的城市人均生产总值不足60000元，属于经济发展欠发达地区，对此类城市绿色交通发展要求较低。

4.3 评价内容

主要包括交通运输主管部门节能减排主要综合性指标完成情况和绿色交通运输体系建设重点工作任务及过程管理情况。

4.4 评价方法

绿色交通试点城市评价指标体系包含定量指标和定性指标；定量指标通过

---

[1] 参考国际社会在2005年提出人均GDP达到10000美元为进入发达阶段的说法，我们对国内所有城市进行分类，按照2012年年均汇率，10000美元约等于62000元人民币，最终以60000元人民币为分类门槛。

设置主要指标得分标准,根据各项指标情况进行评分;定性指标是对绿色交通运输体系建设各项工作落实情况进行评分。

4.5 评价标准及依据

采用量化办法,满分为100分(包含常规性指标98分,特色指标2分)❶。分为达标城市(85分以上)、基本达标城市(70～85分)、未达标城市(70分以下)三个等级❷。

各项指标得分标准的确定主要依据《全国交通统计资料汇编2015》和《中国城市统计年鉴2016》等统计材料中的统计数据,测算出相应指标的全国平均水平以及各省、直辖市、自治区水平,进一步确定各类别城市的得分标准。

(1)综合性指标。

①能源强度指标。

依据:根据各城市统计局《××市统计年鉴》与交通运输局(委)《××市交通统计资料汇编》或交通运输主管部门和统计局出具的统计资料,分别获得交通运输能耗数据和运输周转量数据,进行测算;没有提供相关资料则相关指标得分为0分。

指标A1:营运车辆单位运输周转量能耗(千克标准煤/百吨公里)。

评分标准:该项指标满分为2分。

该项指标为否决性指标,得分为0代表该次评价结果为未完成等级。

参考《低碳交通运输体系指导意见》和27个创建绿色交通城市项目的交通能耗数据:实际值小于7千克标准煤/百吨公里,得2分;实际值大于7.5千克标准煤/百吨公里,0分;实际值在各区间内时,按线性插值法计算得分。

指标A2:营运船舶单位运输周转量能耗(千克标准煤/千吨公里)。

评分标准:有水路运输的城市,该项指标满分为2分,其他城市无此项指标。

该项指标为否决性指标,得分为0代表该次评价结果为未完成等级。

参考《低碳交通运输体系指导意见》和27个创建绿色交通城市项目的交通能耗数据:实际值小于5.9千克标准煤/千吨公里,得2分;实际值大于6.29千克

❶内陆城市等由于部分指标不存在,总分不满100分,按照比例折算为百分制。

❷"85分以上"包含85分;"70～85分"包含70分,不包含85分;"70分以下"不包含70分。本节所有指标取值方式均按照此规则操作。

标准煤/千吨公里,0 分;实际值在各区间内时,按线性插值法计算得分。

指标 A3:港口生产单位吞吐量能耗(吨标准煤/万吨)。

评分标准:拥有港口的城市,该项指标满分为 2 分;其他城市无此项指标。

该项指标为否决性指标,得分为 0 代表该次评价结果为未完成等级。

参考《低碳交通运输体系指导意见》和 27 个创建绿色交通城市项目的交通能耗数据:实际值小于 3.6 吨标准煤/万吨,得 2 分;实际值大于 5.4 吨标准煤/万吨,0 分;实际值在各区间内时,按线性插值法计算得分。

指标 A4:城市公交单位客运量能耗(吨标准煤/万人次)。

评分标准:该项指标满分为 2 分。

该项指标为否决性指标,得分为 0 代表该次评价结果为未完成等级。

参考《低碳交通运输体系指导意见》和 27 个创建绿色交通城市项目的交通能耗数据:实际值小于 1.12 吨标准煤/万人次,得 2 分;实际值大于 1.4 吨标准煤/万人次,0 分;实际值在各区间内时,按线性插值法计算得分。

指标 A5:城市出租汽车单位客运量能耗(吨标准煤/万人次)。

评分标准:该项指标满分为 2 分。

该项指标为否决性指标,得分为 0 代表该次评价结果为未完成等级。

参考《低碳交通运输体系指导意见》和 27 个创建绿色交通城市项目的交通能耗数据:实际值小于 4.5 吨标准煤/万人次,得 2 分;实际值大于 6.8 吨标准煤/万人次,0 分;实际值在各区间内时,按线性插值法计算得分。

②碳排放强度指标。

依据:根据各城市统计局《××市统计年鉴》与交通运输局(委)《××市交通统计资料汇编》或交通运输主管部门和统计局出具的统计资料,分别获得交通运输分类型能源消耗数据和运输周转量数据,进行测算;没有提供相关资料则得分为 0 分。

指标 A6:营运车辆单位运输二氧化碳排放(千克二氧化碳/百吨公里)。

评分标准:该项指标满分为 2 分。

该项指标为否决性指标,得分为 0 代表该次评价结果为未完成等级。

参考《低碳交通运输体系指导意见》和 27 个创建绿色交通城市项目的交通能耗结构数据,测算二氧化碳排放量:实际值小于 12 千克二氧化碳/百吨公里,得 2 分;实际值大于 17.5 千克二氧化碳/百吨公里,0 分;实际值在各区间内时,按线性插值法计算得分。

指标 A7:营运船舶单位运输二氧化碳排放(千克二氧化碳/千吨公里)。

评分标准:有水路运输的城市,该项指标满分为 2 分,其他城市无此项指标。

该项指标为否决性指标,得分为0代表该次评价结果为未完成等级。

参考《低碳交通运输体系指导意见》和27个创建绿色交通城市项目的交通能耗结构数据,测算二氧化碳排放量:实际值小于10千克二氧化碳/千吨公里,得2分;实际值大于16千克二氧化碳/千吨公里,0分;实际值在各区间内时,按线性插值法计算得分。

指标A8:港口生产单位吞吐量二氧化碳排放(吨二氧化碳/万吨)。

评价标准:拥有港口的城市,该项指标满分为2分;其他城市无此项指标。

该项指标为否决性指标,得分为0代表该次评价结果为未完成等级。

参考《低碳交通运输体系指导意见》和27个创建绿色交通城市项目的交通能耗结构数据,测算二氧化碳排放量:实际值小于6.8吨二氧化碳/万吨,得2分;实际值大于9.8吨二氧化碳/万吨,0分;实际值在各区间内时,按线性插值法计算得分。

指标A9:城市公交单位客运量二氧化碳排放(吨二氧化碳/万人次)。

评价标准:该项指标满分为2分。

该项指标为否决性指标,得分为0代表该次评价结果为未完成等级。

参考《低碳交通运输体系指导意见》和27个创建绿色交通城市项目的交通能耗结构数据,测算二氧化碳排放量:实际值小于2吨二氧化碳/万人次,得2分;实际值大于3吨二氧化碳/万人次,0分;实际值在各区间内时,按线性插值法计算得分。

指标A10:城市出租汽车单位客运量二氧化碳排放(吨二氧化碳/万人次)。

评价标准:该项指标满分为2分。

该项指标为否决性指标,得分为0代表该次评价结果为未完成等级。

参考《低碳交通运输体系指导意见》和27个创建绿色交通城市项目的交通能耗结构数据,测算二氧化碳排放量:实际值小于9.1吨二氧化碳/万人次,得2分;实际值大于13.7吨二氧化碳/万人次,0分;实际值在各区间内时,按线性插值法计算得分。

③污染物控制指标。

指标A11:化学需氧量(COD)、总悬浮颗粒物(TSP)等主要污染物排放强度下降率(相比于2010年)(%)。

依据:根据各市统计局、环保局与交通运输局(委)或交通运输主管部门、环保局与统计局出具的数据和资料。没有提供相关资料则得分为0分。

评分标准:该项指标满分为1分。

实际值与2015年相比下降率大于或等于20%，得1分；实际值与2015年相比下降率小于10%，0分。实际值在各区间内时，按线性插值法计算得分。

(2)基础设施。

指标B1:综合运输线网衔接情况。

依据:主要查看本市综合运输发展规划或方案、重点项目立项文件、合同和验收报告、媒体报道、实施工作总结等材料。没有提供相关资料则得分为0分。

评分标准:该项指标满分为1分。

编制行政区域范围内的综合运输发展规划(方案)，按计划组织实施、成效显著，得1分；编制行政区域范围内的综合运输发展规划(方案)，但实施进展缓慢，得0.5分；没有编制行政区域范围内的综合运输发展规划(方案)，不得分。

指标B2:综合运输枢纽建设情况。

依据:主要查看本市综合运输枢纽发展专项规划、重点项目立项文件、合同和验收报告、媒体报道、实施工作总结等材料。没有提供相关资料则得分为0分。

评分标准:该项指标满分为1分。

编制行政区域范围内的综合运输枢纽发展专项规划(方案)，按计划组织实施、成效显著，得1分；编制行政区域范围内的综合运输枢纽发展专项规划(方案)，但实施进展缓慢，得0.5分；没有编制行政区域范围内的综合运输枢纽发展专项规划(方案)，不得分。

指标B3:公路网综合密度(千米/$\sqrt{\text{百平方千米}\times\text{万人}}$)。

依据:根据当地交通主管部门出具的统计资料数据测算。没有提供相关资料则得分为0分。

从图4-1可以看出，全国公路网综合密度平均水平目前处于39.942公里/$\sqrt{\text{百平方千米}\times\text{万人}}$左右。重庆市为90.625公里/$\sqrt{\text{百平方千米}\times\text{万人}}$，重庆市的该项指标处于全国最高水平。新疆维吾尔自治区在该项指标上处于全国最低水平，其公路网综合密度为28.864公里/$\sqrt{\text{百平方千米}\times\text{万人}}$。因此，可以根据以上数据分布情况，对不同区域设置不同得分标准。

评分标准:该项指标满分为1分。

发达城市:密度值在38以上，得1分；密度值为25~38，得0.5分；密度值为25以下，不得分。

发展中城市:密度值在30以上，得1分；密度值为20~30，得0.5分；密度值为20以下，不得分。

指标 B4:路网等级结构(%)。

依据:根据当地交通运输主管部门出具的统计资料数据测算。没有提供相关资料则得分为 0 分。

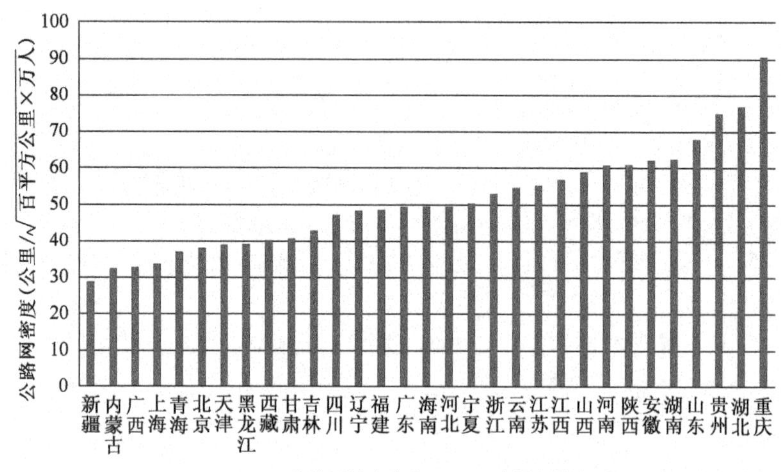

图 4-1　2015 年全国部分地区公路网密度

注:统计数据未包括台湾、香港、澳门,后同。

从图 4-2 可以看出,二级以上公路比重全国平均水平在 13% 左右。上海的该指标处于全国最高水平,为 36.04%;西藏处于全国最低水平,数值为 1%。因此,可以根据以上数据分布情况,对不同区域设置不同得分标准。

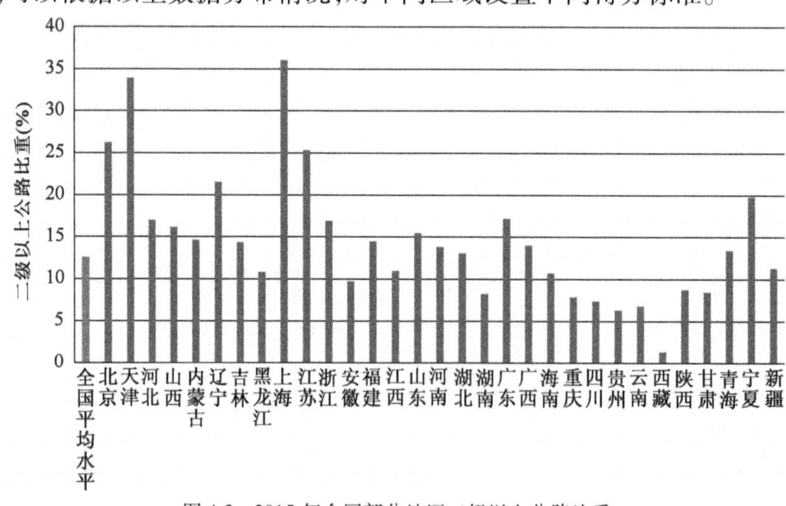

图 4-2　2015 年全国部分地区二级以上公路比重

评分标准:该项指标满分为1分。

发达城市:比重在25%以上,得1分;比重为17%~25%,得0.5分;比重在17%以下,不得分。

发展中城市:比重在20%以上,得1分;比重为13%~20%,得0.5分;比重在13%以下,不得分。

指标B5:路面铺装率(%)。

依据:根据当地交通运输主管部门出具的统计资料数据测算。没有提供相关资料则得分为0分。

从图4-3可以看出,路面铺装率全国平均水平在72%左右。上海的该指标中处于全国最高水平,贵州处于全国最低水平,数值为7%。因此,可以根据以上数据分布情况,对不同区域设置不同得分标准。

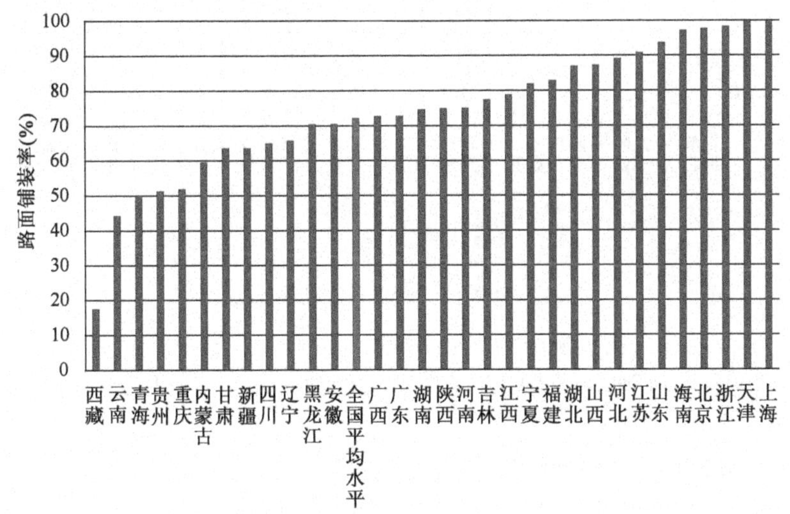

图4-3 2015年全国部分地区路面铺装率

评分标准:该项指标满分为1分。

发达城市:路面铺装率在69%以上,得1分;路面铺装率为46%~69%,得0.5分;路面铺装率在46%以下,不得分。

发展中城市:路面铺装率在55%以上,得1分;路面铺装率为37%~55%,得0.5分;路面铺装率在37%以下,不得分。

指标B6:道路绿化率(%)。

依据:根据当地交通统计资料中数据测算。没有提供相关资料则得分为0分。

从图4-4可以看出,2015年全国道路绿化率平均水平在54%左右。四个直辖市数值分别是北京92%、天津91%、上海89%、重庆40%,海南的该数据为全国最高,西藏处于最低水平为5%。图中在全国平均水平以上的地区分别是云南、江西、宁夏、辽宁、浙江、河南、安徽、黑龙江、山东、湖南、福建、吉林、上海、江苏、天津、北京、海南。因此,可以根据以上数据分布情况,对不同区域设置以下得分标准。

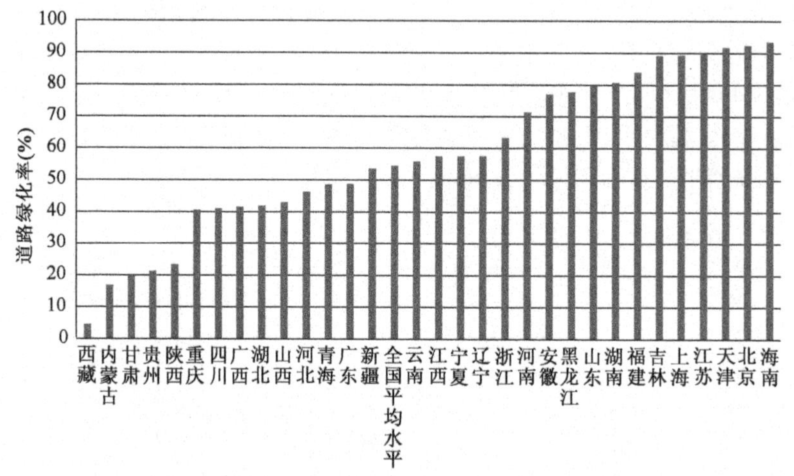

图4-4 2015年全国部分地区道路绿化率

评分标准:该项指标满分为1分。

道路绿化率达到在65%以上,得1分;在43%~65%,得0.5分;在43%以下,不得分。

指标B7:高速公路与城市路网的衔接程度。

依据:对客货运输企业驾驶员、市民开展问卷调查。

评分标准:该项指标满分为1分。

调查问卷该项指标相关评分项综合得分80分以上的,得1分;调查问卷该项指标相关评分项综合得分60~80分的,得0.5分;调查问卷该项指标相关评分项综合得分60分以下的,不得分。

指标B8:公路路面材料循环利用率(%)。

依据:根据当地交通运输与建设主管部门出具的统计资料数据测算。没有提供相关资料则得分为0分。

评分标准:该项指标满分为1分。

根据《交通运输部关于加快推进公路路面材料循环利用工作的指导意见》

要求,到"十二五"末,全国基本实现公路路面材料循环利用率(含回收后再利用和就地利用)达到50%以上,确定评分标准如下:

公路路面材料循环利用率在60%以上,得1分;在40% ~60%,得0.5分;在40%以下,不得分。

指标B9:新能源在公路工程中的应用情况。

依据:主要查看项目立项文件、合同、验收报告等材料。没有提供相关资料则得分为0分。

评分标准:该项指标满分为1分。

太阳能、风能、地热能等新能源在隧道、服务区、收费站等公路设施建设及运营中应用较为充分的,得1分;太阳能、风能、地热能等新能源在隧道、服务区、收费站等公路设施建设及运营中应用较为一般的,得0.5分;没有使用新能源,不得分。

指标B10:客运枢纽换乘便利性程度。

依据:通过现场体验客运枢纽的换成便利程度,进行打分。

评分标准:该项指标满分为1分。

枢纽内部换乘距离不超过500米,换乘通道行走通畅,换乘效果良好,得1分;枢纽内部换乘距离超过500米或换乘通道拥挤、通行效果不好,得0.5分;枢纽内部换乘距离超过500米且换乘通道拥挤、通行效果不好,不得分。

指标B11:货运衔接便利性程度。

依据:货物在货运场站中转衔接的效率和便利性。

评分标准:该项指标满分为1分。

到达货运场站的车辆在1小时之内安排卸货,卸下的货物在1小时之内安排装货并运出场站,得1分;到达货运场站的车辆在1小时之内不能安排卸货或卸下的货物在1小时之内不能安排装货并运出场站,得0.5分;到达货运场站的车辆在1小时之内不能安排卸货且卸下的货物在1小时之内不能安排装货并运出场站,不得分。

指标B12:施工机械节能技术应用情况。

依据:主要查看施工机械节能技术项目立项文件、合同、验收报告等材料。没有提供相关资料则得分为0分。

评分标准:该项指标满分为1分。

施工机械节能技术在港口、航道工程中应用效果显著的,得1分;施工机械节能技术在港口、航道工程中应用效果一般的,得0.5分;没有应用施工机械节能技术的,不得分。

指标 B13:公路噪声治理情况。

依据:主要查看公路建设工程项目中设计和施工过程中对噪声治理相关材料。没有提供相关资料则得分为 0 分。

评分标准:该项指标满分为 1 分。

公路噪声治理效果较好的,得 1 分;公路噪声治理效果一般的,得 0.5 分;没有进行公路噪声治理的,不得分。

指标 B14:高速公路服务区污水处理和回用情况。

依据:对高速公路服务区是否建设污水处理和回用技术的相关材料进行查看,并实地查看污水处理和回用系统的应用情况。

评分标准:该项指标满分为 1 分。

高速公路服务区污水处理和回用效果较好的,得 1 分;高速公路服务区污水处理和回用效果一般的,得 0.5 分;没有进行高速公路服务区污水处理和回用的,不得分。

指标 B15:城市公交线网密度(千米/平方千米)。

依据:根据统计局与交通运输主管部门统计资料测算。没有提供相关资料则得分为 0 分。

从图 4-5 可以看出,2015 年全国部分地区公交线网密度平均值为 14.64 千米/平方千米,全国公交线网密度最高的城市是昆明,为 30.9 千米/平方千米,最低是兰州,为 5.72 千米/平方千米。因此,可以根据以上数据分布情况,对不同区域设置不同得分标准。

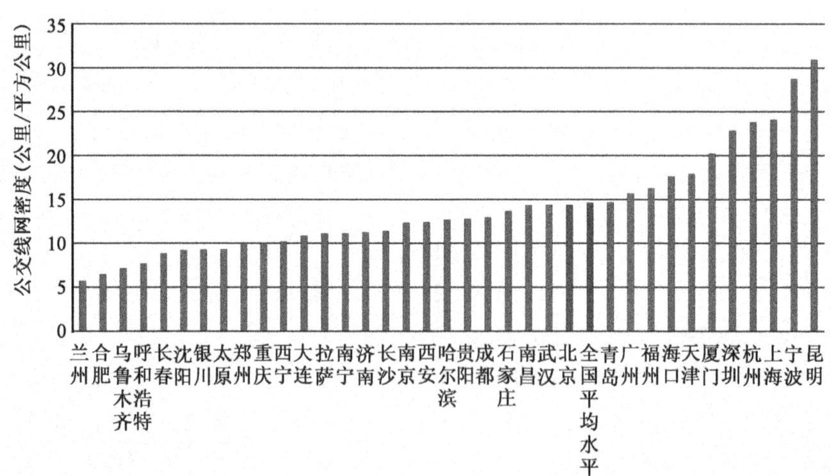

图 4-5　2015 年全国部分城市公交线网密度

评分标准:该项指标满分为 1 分。

在 17.6 千米/平方千米以上,得 1 分;在 11.7 ~ 17.6 千米/平方千米,得 0.5 分;在 11.7 千米/平方千米以下,不得分。

指标 B16:公交站点覆盖率(500 米)(%)。

依据:根据统计局与交通运输主管部门统计资料测算。没有提供相关资料则得分为 0 分。

从图 4-6 可以看出,2015 年全国部分城市公交站点覆盖率(500 米)平均水平在 82.57% 左右。石家庄、重庆、大连、济南水平较高,在 90% 以上,乌鲁木齐处于最低水平,为 75%。因此,可以根据以上数据分布情况,对不同区域设置不同得分标准。

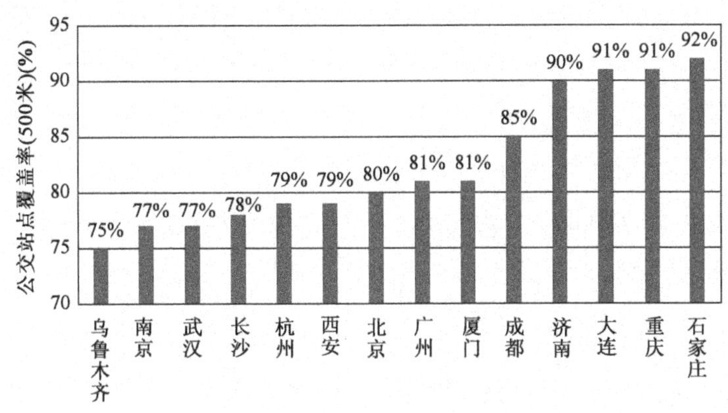

图 4-6　2015 年全国部分城市公交站点覆盖率(500 米)

评分标准:该项指标满分为 1 分。

公交站点覆盖率在 85% 以上,得 1 分;在 69% ~85%,得 0.5 分;在 69% 以下,不得分。

指标 B17:每万人城市快速公交里程数(含公交专用道和轨道交通)(千米/万人)。(人口以国家统计局统计城市常住人口为准)

依据:根据统计局、交通运输主管部门与轨道交通相关企业统计资料测算。没有提供相关资料则得分为 0 分。

从图 4-7 可以看出,2015 年全国部分地区每万人城市快速公交里程数平均水平在 0.09 左右,北京、上海平均水平最高,在 0.3 以上。因此,可以根据以上数据分布情况,对不同区域设置不同得分标准。

评分标准:该项指标满分为 1 分。

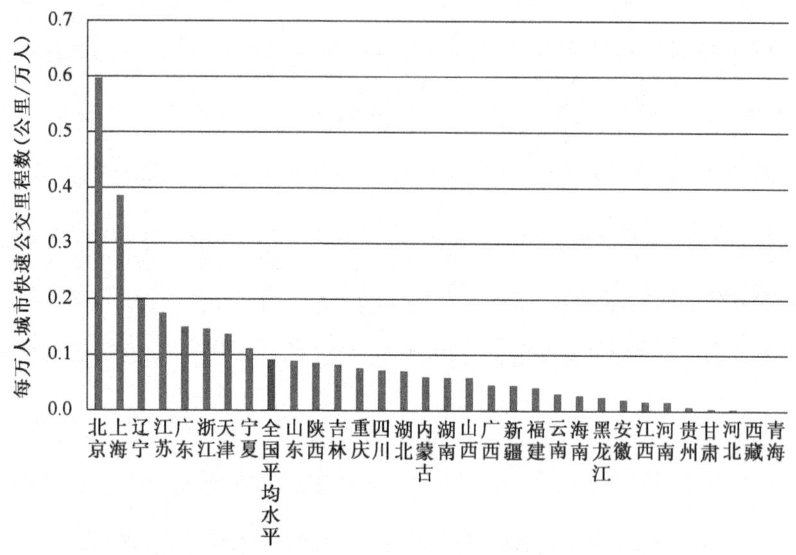

图 4-7　2015 年全国部分地区每万人城市快速公交里程数

在 0.3 千米/万人以上,得 1 分;在 0.21 ~ 0.3 千米/万人,得 0.5 分;在 0.09 千米/万人以下,不得分。

指标 B18:城市自行车专用道建设情况。

依据:依据城市道路建设规划、方案、项目批复、立项、实施计划等与自行车道建设相关材料,没有提供相关材料则该项指标得分为 0 分。

评分标准:该项指标满分为 1 分。

城市发展规划(方案)中考虑自行车专用道建设规划并落实效果较好的,得 1 分;城市发展规划(方案)中考虑自行车专用道建设规划但落实效果较差或无落实的,得 0.5 分;城市发展规划(方案)中不包含自行车专用道建设规划的,不得分。

指标 B19:城市行人步道建设情况。

依据:城市道路建设规划、方案、项目批复、立项、实施计划等与行人步道建设相关材料,没有提供相关材料则该项指标得分为 0 分。

评分标准:该项指标满分为 1 分。

城市发展规划(方案)中考虑行人步道建设规划并落实效果较好的,得 1 分;城市发展规划(方案)中考虑行人步道建设规划但落实效果较差或无落实的,得 0.5 分;城市发展规划(方案)中不包含行人步道建设规划的,不得分。

指标 B20:城市交通信号灯运行效率。

依据:与交警部门合作,对开车市民开展问卷调查。

评分标准:该项指标满分为1分。

调查问卷该项指标相关评分项综合得分80分以上的,得1分;调查问卷该项指标相关评分项综合得分60~80分的,得0.5分;调查问卷该项指标相关评分项综合得分60分以下的,不得分。

指标B21:天然气加气站、充电站建设与使用情况。

依据:主要查看天然气加气站发展专项规划、车辆充电站发展专项规划、城市相关规划、加气站或充电站项目立项文件、合同、验收报告等材料。没有提供相关资料则得分为0分。

评分标准:该项指标满分为1分。

明确天然气加气站和车辆充电站发展目标和主要任务,天然气加气站与车辆充电站年度发展目标和主要任务基本实现,加气站和充电站建设进度与天然气和电能驱动的装备增长速度基本相匹配,得1分;明确天然气加气站和车辆充电站发展目标和主要任务,天然气加气站与车辆充电站年度发展目标和主要任务基本实现,但已投入运营的加气站和充电站不足以供应所有天然气和电能驱动的装备,得0.5分;未明确天然气加气站和车辆充电站发展目标和主要任务,不得分。

指标B22:五级以上内河航道比重(%)。

依据:根据交通运输主管部门及港航主管部门统计资料测算。没有提供相关资料则得分为0分。

从图4-8可以看出,全国五级以上航道里程比重平均值在24%左右,图中

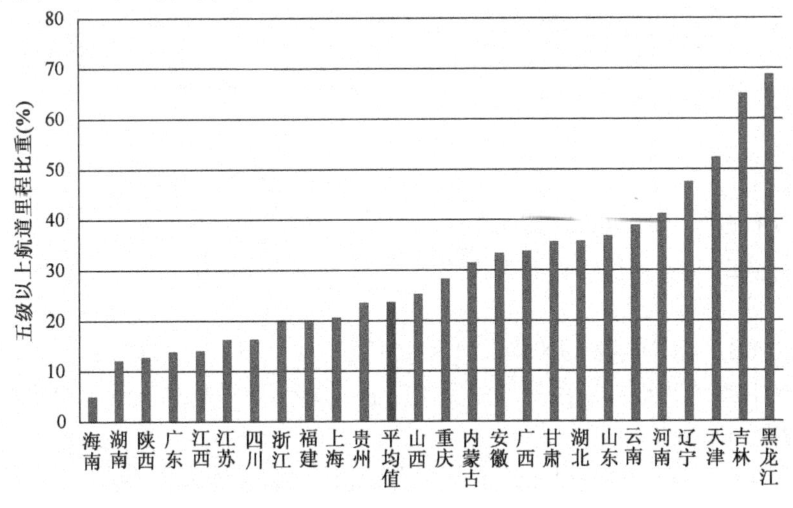

图4-8　2015年全国部分地区五级以上航道里程比重

三个直辖市的该值分别是上海21%、天津52%、重庆28%。整体上看，图中14个地区在全国平均值以上，黑龙江在全国各地区五级以上航道里程比重中最高，为69%，海南值最低，为5%。因此，可以根据以上数据分布情况，对不同区域设置以下得分标准。

评分标准：拥有内河航道城市满分为1分，其他城市无该项指标。

比重在30%以上，得1分；比重在15%～30%，得0.5分；比重在15%以下，不得分。

指标B23：沿海港口万吨级以上泊位比重(%)。

依据：参考当地港航主管部门及港口企业统计资料测算。没有提供相关资料则得分为0分。

从图4-9可以看出，全国部分沿海地区万吨级以上泊位比重平均值在27%左右。万吨级以上泊位比重最高的地区为河北省，比重为82%，最低为上海市。因此，根据以上数据分布情况，对不同区域设置不同的得分标准。

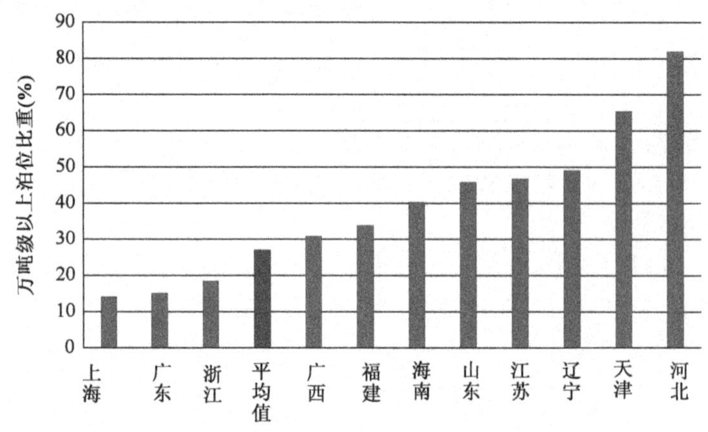

图4-9　2015年全国部分沿海地区万吨级以上泊位比重

评分标准：沿海港口城市满分为1分，其他城市无该项指标。

比重在30%以上，得1分；比重在20%～30%，得0.5分；比重在20%以下，不得分。

指标B24：内河港口300吨以上泊位比重(%)。

依据：参考当地港航主管部门及港口企业统计资料测算。没有提供相关资料则得分为0分。

评分标准：内河港口城市满分为1分，其他城市无该项指标。

比重在45%以上，得1分；比重在25%～45%，得0.5分；比重在25%以下,不得分。

指标 B25:港口新能源使用情况。

依据:主要查看新能源项目立项文件、合同、验收报告等材料。没有提供相关资料则得分为 0 分。

评分标准:港口城市满分为 1 分,其他城市无该项指标。

港口太阳能、潮汐能、风能、地热能等新能源应用较为充分的,得 1 分;港口太阳能、潮汐能、风能、地热能等新能源应用较为一般的,得 0.5 分;港口没有应用太阳能、潮汐能、风能、地热能等新能源的,不得分。

指标 B26:太阳能一体化航标灯应用情况。

依据:通过全市太阳能一体化航标灯的数量和航标灯数量进行测算。没有提供相关资料则得分为 0 分。

评分标准:有水路运输的城市满分为 1 分,其他城市无该项指标。

太阳能一体化航标灯得到大规模应用的,得 1 分;太阳能一体化航标灯在小范围试用的,得 0.5 分;没有应用太阳能一体化航标灯的,不得分。

指标 B27:港口粉尘综合防治情况。

依据:对港口粉尘综合防治技术应用的相关材料进行查看,并实地查看港口粉尘综合防治技术的应用情况。

评分标准:有港口的城市满分为 1 分,其他城市无该项指标。

港口粉尘综合防治效果较好的,得 1 分;港口粉尘综合防治情况效果一般的,得 0.5 分;没有进行港口粉尘综合防治的,不得分。

指标 B28:港口污水综合处理情况

依据:对港口污水综合处理技术的相关材料进行查看,并实地查看港口污水综合处理技术的应用情况。

评分标准:有港口的城市满分为 1 分,其他城市无该项指标。

港口污水综合处理效果较好的,得 1 分;港口污水综合处理效果一般的,得 0.5 分;没有进行港口污水综合处理的,不得分。

(3)运输装备。

指标 C1:节能绿色型营运车辆占营运车辆比重(%)。

依据:根据各市统计局、交通主管部门、交通运管部门统计资料,汇总测算。没有提供相关资料则得分为 0 分。

评分标准:该项指标满分为 1 分。

混合动力、天然气动力、生物质能和电能营运车辆应用比重在 10% 以上,得

1 分;比重在 3% ~10% ,得 0.5 分;比重在 3% 以下,不得分。

指标 C2:节能绿色型公交车辆占公交车比重(%)。

依据:根据各市统计局、交通主管部门、交通运管部门、公交企业统计资料,汇总测算。没有提供相关资料则得分为 0 分。

从图 4-10 可以看出,清洁能源和新能源公交车辆所占比重的平均值为 48.24%。其中,全国清洁能源和新能源公交车辆占比重最高的是重庆,为 89.01%,最低的是上海,为 10.83%。因此,根据以上数据分布情况,对不同区域设置不同得分标准。

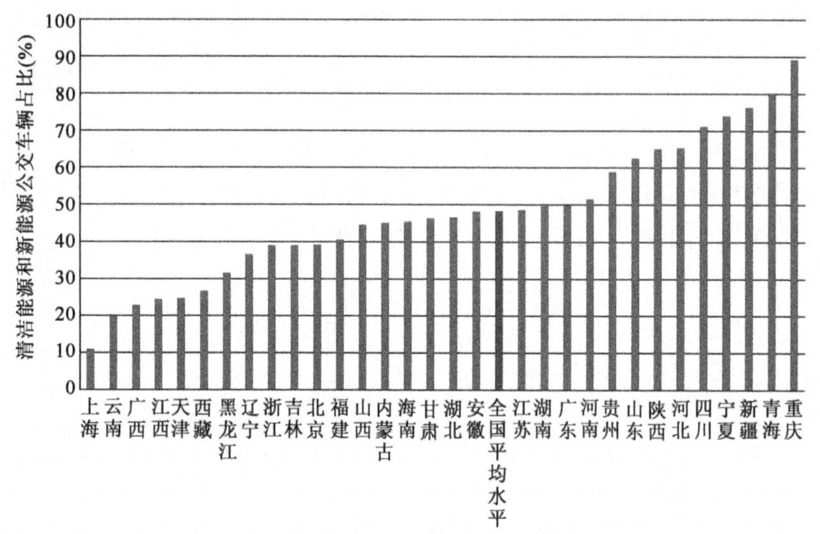

图 4-10 2015 年全国部分地区清洁能源和新能源公交车辆占比

评分标准:该项指标满分为 1 分。

混合动力、天然气动力、生物质能和电能公交车车辆所占比重在 59% 以上,得 1 分;比重在 38% ~55% ,得 0.5 分;比重在 38% 以下,不得分。

指标 C3:节能绿色型出租汽车占出租汽车比重(%)。

依据:根据各市统计局、交通主管部门、交通运管部门、出租汽车企业统计资料,汇总测算。没有提供相关资料则得分为 0 分。

从图 4-11 可以看出,全国清洁能源和新能源出租汽车占比的平均值在 47%。比重较高的地区有 3 个,分别是重庆、海南和陕西,数值都在 90% 以上。比重较低的地区有 4 个,分别是天津、上海、黑龙江、北京,比重不足 5%。根据以上数据分布情况,对不同区域设置不同得分标准。

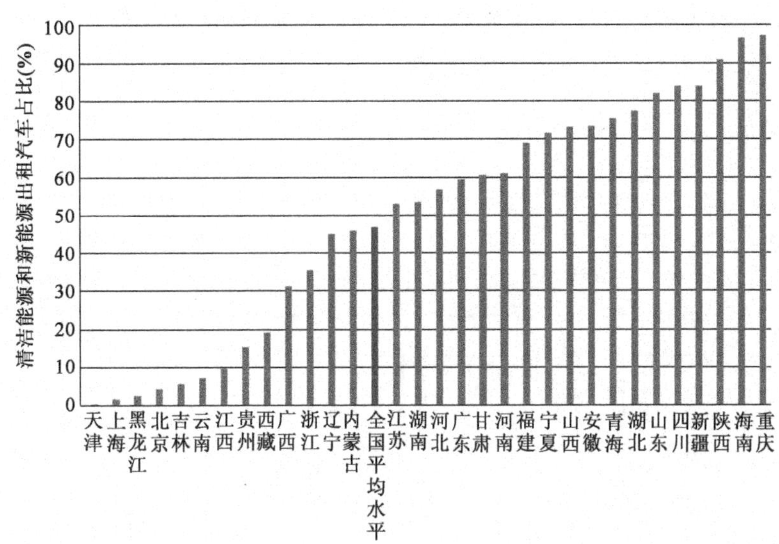

图 4-11 2015 年全国部分地区清洁能源和新能源出租汽车占比

评分标准:该项指标满分为 1 分。

混合动力、天然气动力、生物质能和电能出租汽车所占比重在 68% 以上,得 1 分;比重在 46% ~68% ,得 0.5 分;比重在 46% 以下,不得分。

指标 C4:厢式货车和集装箱货车占货车比重(%)。

依据:根据交通主管部门与运管部门统计数据测算。没有提供相关资料则得分为 0 分。

评分标准:该项指标满分为 1 分。

发达城市:厢式货车和集装箱货车占比在 6% 以上,得 1 分;厢式货车和集装箱货车占比在 4% ~6% ,得 0.5 分;厢式货车和集装箱货车占比在 4% 以下,不得分。

发展中城市:厢式货车和集装箱货车占比在 4% 以上,得 1 分;厢式货车和集装箱货车占比在 2% ~4% ,得 0.5 分;厢式货车和集装箱货车占比在 2% 以下,不得分。

指标 C5:每万人拥有的公交车标台数(标台/万人)。

依据:根据交通主管部门与运管部门统计数据测算。没有提供相关资料则得分为 0 分。

从图 4-12 可以看出,全国各地区万人公交车辆保有量平均值为 4.87 标台/万人。其中,全国最高值是北京,为 15.5 标台/万人,最低值是西藏,为 2.34 标台/万人。因此,根据以上数据分布情况,对不同区域设置不同得分标准。

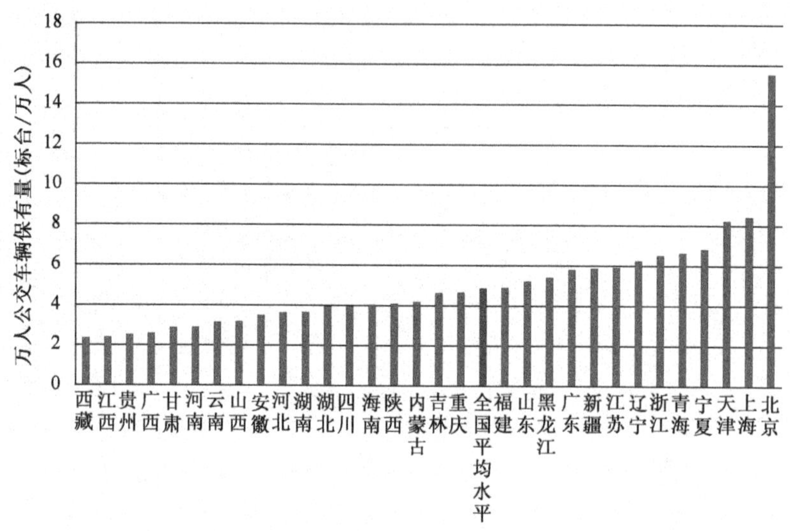

图 4-12　2015 年全国部分地区万人公交车辆保有量

评分标准:该项指标满分为 1 分。

发达城市:万人公交车辆保有量在 15 标台/万人以上,得 1 分;万人公交车辆保有量在10 ~15 标台/万人,得 0.5 分;万人公交车辆保有量在 10 标台/万人以下,不得分。

发展中城市:万人公交车辆保有量在 12 标台/万人以上,得 1 分;万人公交车辆保有量在 8 ~12 标台/万人,得 0.5 分;万人公交车辆保有量在 8 标台/万人以下,不得分。

指标 C6:营运货车平均吨位(吨/辆)。

依据:各市交通主管部门出具的统计数据测算。没有提供相关资料则得分为 0 分。

从图 4-13 可以看出,全国各地区营运货车平均吨位的全国平均值是 7.46 吨/辆。其中,营运货车平均吨位最高的是山东,为 10.91 吨/辆,最低的是海南,为 4.09 吨/辆。因此,根据以上数据分布情况,对不同区域设置不同的得分标准。

评分标准:该项指标满分为 1 分。

营运货车平均吨位在 8.3 吨/辆以上,得 1 分;营运货车平均吨位在 5.5 ~ 8.3 吨/辆,得0.5分;营运货车平均吨位在 5.5 吨/辆之下,不得分。

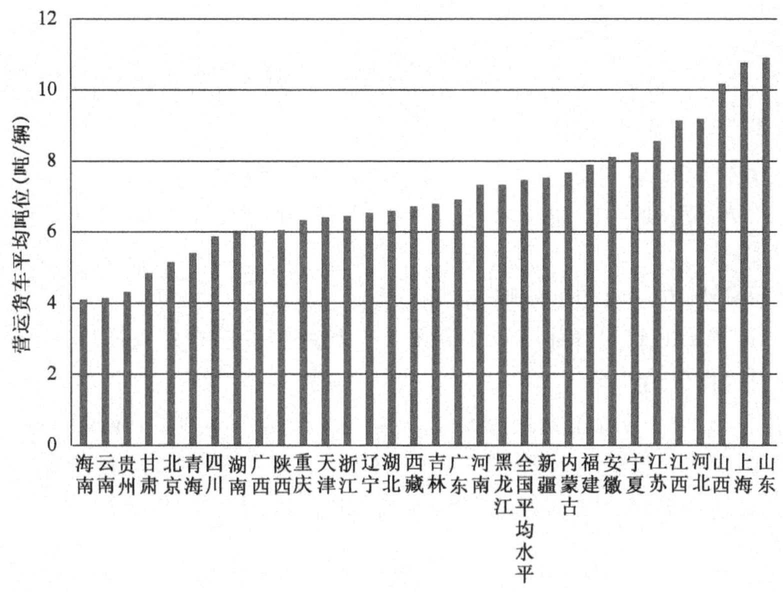

图4-13 2015年全国部分地区营运货车平均吨位

指标C7:车辆节能绿色新技术应用情况。

依据:主要查看节能新技术项目立项文件、合同、验收报告等材料。

评分标准:该项指标满分为1分。

车辆节能新技术应用情况较好,得1分;车辆节能新技术应用情况一般,得0.5分;没有推广车辆节能新技术,不得分。

指标C8:内河船舶标准化率(%)。

依据:查看港航主管部门与水运企业的相关资料(重点是船舶资料)。没有提供相关资料则得分为0分。

评分标准:拥有内河航运城市满分为1分,其他城市无该项指标。

内河船型标准化率在70%以上,得1分;内河船型标准化率在50%~70%,得0.5分;内河船型标准化率在50%以下,不得分。

指标C9:老旧船舶淘汰情况。

依据:主要查看老旧船舶淘汰专项规划、城市相关规划、船舶注销登记记录等材料。没有提供相关资料则得分为0分。

评分标准:拥有水路运输城市满分为1分,其他城市无该项指标。

明确老旧船舶淘汰目标与任务,按照计划实现老旧船舶淘汰目标与任务,得1分;明确老旧船舶淘汰目标与任务,未实现老旧船舶淘汰目标与任务,得

0.5分;未明确老旧船舶淘汰目标与任务,不得分。

指标 C10:沿海船舶平均吨位。

依据:查看港航主管部门及水运企业出具的相关统计资料测算。没有提供相关资料则得分为 0 分。

评分标准:沿海城市满分为 1 分,其他城市无该项指标。

在 3500 吨/艘以上,得 1 分;在 3000 ~ 3500 吨/艘,得 0.5 分;在 3000 吨/艘以下,不得分。

指标 C11:内河船舶平均吨位(吨/艘)。

依据:查看港航主管部门及水运企业出具的相关统计资料测算。没有提供相关资料则得分为 0 分。

从图 4-14 可以看出,全国部分地区内河营运货船平均吨位的平均值是 1013.69 吨/艘。重庆为 2496 吨/艘,是全国最高水平,甘肃为 41 吨/艘,是全国最低。因此,根据以上数据分布情况,对不同区域设置不同得分标准。

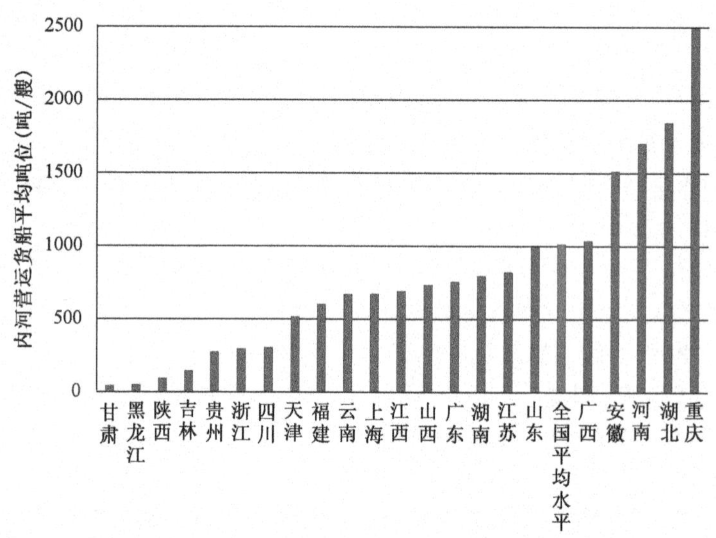

图 4-14　2015 年全国部分地区内河营运货船平均吨位

评分标准:拥有内河航运城市满分为 1 分,其他城市无该项指标。

内河营运货船平均吨位在 1217 吨/艘以上的城市,该项指标得 1 分;在 812 ~ 1217 吨/艘,得 0.5 分;在 812 吨/艘以下不得分。

指标 C12:节能绿色型船舶应用程度。

依据:主要查看船舶相关购买、改造合同、项目立项文件、验收报告等材料。

没有提供相关资料则得分为 0 分。

评分标准:拥有水路运输的城市满分为 1 分,其他城市无该项指标。

混合动力、天然气动力、电能动力船舶应用情况较好的,得 1 分;混合动力、天然气动力、电能动力船舶应用情况一般的,得 0.5 分;没有推广使用混合动力、天然气动力、电能动力船舶的,不得分。

指标 C13:船舶节能减排新技术应用情况。

依据:主要查看项目立项文件、合同、验收报告、工作总结等材料。没有提供相关资料则得分为 0 分。

评分标准:拥有水路运输的城市满分为 1 分,其他城市无该项指标。

船用热泵技术、低表面能涂料、余热回收技术、气膜减阻等节能减排新技术在船舶上应用效果显著的,得 1 分;船用热泵技术、低表面能涂料、余热回收技术、气膜减阻技术等节能减排新技术在船舶上应用效果一般的,得 0.5 分;没有应用船用热泵技术、低表面能涂料、余热回收技术、气膜减阻技术等节能减排新技术的,不得分。

指标 C14:船舶污水接收处理情况。

依据:对船舶污水接收处理技术应用的相关材料进行查看,并实地查看船舶污水接收处理情况。

评分标准:拥有水路运输的城市满分为 1 分,其他城市无该项指标。

船舶污水接收处理效果较好的,得 1 分;船舶污水接收处理效果一般的,得 0.5 分;没有进行船舶污水接收处理的,不得分。

指标 C15:船舶垃圾接收处理情况。

依据:对船舶垃圾接收处理技术的相关材料进行查看,并实地查看船舶垃圾接收处理情况。

评分标准:拥有水路运输的城市满分为 1 分,其他城市无该项指标。

船舶垃圾接收处理效果较好的,得 1 分;船舶垃圾接收处理效果一般的,得 0.5 分;没有进行船舶垃圾接收处理的,不得分。

指标 C16:港口 RTG“油改电”情况(含新购 ERTG)。

依据:根据港口企业统计的 RTG“油改电”数量测算其比重。没有提供相关资料则得分为 0 分。

评分标准:港口城市满分为 1 分,其他城市无该项指标。

RTG“油改电”比重达到 80% 及以上的,得 1 分;比重在 50% ~80%(含 50%)的,得 0.5 分;比重 50% 以下的,不得分。

指标 C17:岸电技术应用情况。

依据:主要查看港口岸电项目立项文件、合同、验收报告、港口岸电设施使用记录、电费记录等材料。没有提供相关资料则得分为0分。

评分标准:港口城市满分为1分,其他城市无该项指标。

港口岸电设施已建设完成且实施效果较好,得1分;港口岸电设施正在建设,得0.5分;没有港口岸电设施建设计划,不得分。

指标C18:港口装卸新技术应用情况。

依据:主要查看相关项目立项文件、合同、验收报告等材料。没有提供相关资料则得分为0分。

评分标准:港口城市满分为1分,其他城市无该项指标。

港口装卸新技术应用情况较好,得1分;港口装卸新技术应用情况一般,得0.5分;没有推广港口装卸新技术,不得分。

(4)运输组织。

指标D1:多式联运发展情况。

依据:查看多式联运推广或鼓励发展指导文件、多式联运合同等相关材料。没有提供相关资料则得分为0分。

评分标准:该项指标满分为1分。

出台鼓励多式联运发展政策,并且实施效果较好的,得1分;出台鼓励多式联运发展政策,正在组织实施的,得0.5分;无多式联运发展政策的,不得分。

指标D2:水运与铁路货运承运比重(%)。

依据:根据各城市统计局与交通运输主管部门出具的相关统计报表与数据测算。没有提供相关资料则得分为0分。

从图4-15可以看出,2015年,全国水运与铁路货运承运比重平均水平处于27%。济南市的该项指标处于全国最高水平,为81%。沈阳市的该项指标处于全国最低水平,其水运与铁路货运承运比重为2%。因此,可以根据以上数据分布情况,对不同区域设置不同得分标准。

评分标准:该项指标满分为1分。

指标D3:城乡客运一体化程度。

依据:对乘客开展问卷调查。

评分标准:该项指标满分为1分。

调查问卷该项指标相关评分项综合得分80分以上的,得1分;调查问卷该项指标相关评分项综合得分60~80分的,得0.5分;调查问卷该项指标相关评分项综合得分60分以下的,不得分。

指标D4:第三方物流发展水平。

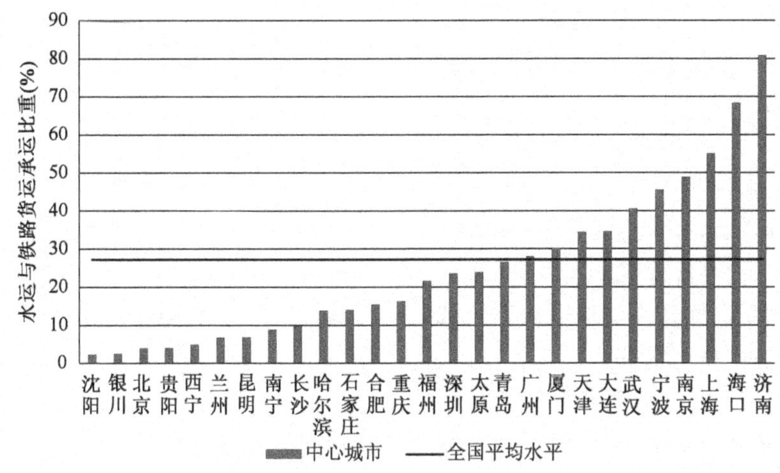

图 4-15　2015 年全国部分城市水运与铁路货运承运比重

依据:查看交通运输主管部门关于第三方物流发展的工作总结等相关材料。没有提供相关资料则得分为 0 分。

评分标准:该项指标满分为 1 分。

城市第三方物流承运比重较大、服务质量较好,得 1 分;城市第三方物流承运比重一般、服务质量一般,得 0.5 分;没有第三方物流服务或承运比重较小,不得分。

指标 D5:滚装运输、江海直达运输发展情况。

依据:查看滚装运输、江海直达运输发展指导文件、合同等相关材料。没有提供相关资料则得分为 0 分。

评分标准:拥有水路运输的城市满分为 1 分,其他城市无该项指标。

出台鼓励滚装运输或江海直达运输发展政策的,已开通滚装运输航线或江海直达运输航线,得 1 分。出台鼓励滚装运输或江海直达运输发展政策的,但未开通滚装运输航线或江海直达运输航线,得 0.5 分;未出台鼓励滚装运输或江海直达运输发展政策的,不得分。

指标 D6:甩挂运输开展应用情况(%)。

依据:各市交通运输主管部门与相关货运企业出具的统计数据测算。没有提供相关资料则得分为 0 分。

评分标准:该项指标满分为 1 分。

开展甩挂运输并效果良好,得 1 分;开展甩挂运输并效果一般,得 0.5 分;没开展甩挂运输,不得分。

指标 D7:营运货车里程利用率(%)

依据:根据各市交通运输主管部门及货运企业出具的统计数据测算。没有提供相关资料则得分为 0 分。

评分标准:该项指标满分为 1 分。

营运货车里程利用率在 80% 以上,得 1 分;营运货车里程利用率在 60% ~ 80%,得 0.5 分;营运货车里程利用率在 60% 以下,不得分。

指标 D8:营运客车实载率(%)。

依据:根据各市交通运输主管部门及客运企业出具的统计数据测算。没有提供相关资料则得分为 0 分。

评分标准:该项指标满分为 1 分。

营运客车实载率在 70% 以上,得 1 分;营运客车实载率在 50% ~70%,得 0.5 分;营运客车实载率在 50% 以下,不得分。

指标 D9:道路货运经营业户平均拥有车辆数(辆/户)。

依据:根据各市交通运输主管部门出具的统计数据测算。没有提供相关资料则得分为 0 分。

从图 4-16 可以看出,全国各地区道路货运经营业户平均拥有车辆数的平均值是 1.5 辆/户。其中,天津为全国最高水平,6.3 辆/户,宁夏为全国最低水平,0.9 辆/户。因此,根据以上数据分布情况,对不同区域设置不同得分标准。

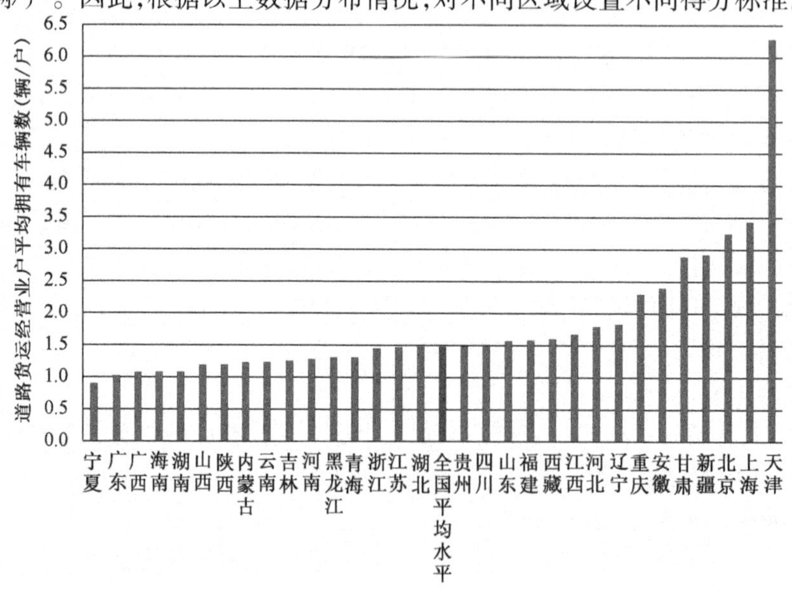

图 4-16　2015 年全国部分地区道路货运经营业户平均拥有车辆数

评分标准:该项指标满分为 1 分。

拥有车辆数在 2.3 辆/户以上,得 1 分;拥有车辆数在 1.5 ~2.3 辆/户,得 0.5 分;拥有车辆数在 1.5 辆/户以下,不得分。

指标 D10:内河货运经营业户平均拥有船舶数(艘/户)。

依据:根据各市交通运输主管部门及港航主管部门出具的统计数据测算。没有提供相关资料则得分为 0 分。

评分标准:拥有内河航运的城市满分为 1 分,其他城市无该项指标。

拥有船舶数在 5 艘/户以上,得 1 分;拥有船舶数在 2 ~5 艘/户,得 0.5 分;拥有船舶数在 2 艘/户以下,不得分。

指标 D11:港口联运比例(铁水联运和水水中转)(%)。

依据:根据各市交通运输主管部门与港口企业出具的统计数据测算。没有提供相关资料则得分为 0 分。

评分标准:港口城市满分为 1 分,其他城市无该项指标。

港口联运比例在 5% 以上,得 1 分;港口联运比例在 1% ~5% ,得 0.5 分;港口联运比例在 1% 以下,不得分。

指标 D12:公交出行分担率(不包含步行出行)(%)。

依据:主要根据各市统计局、交通运输主管部门与公交企业出具的统计数据和报表进行测算。没有提供相关资料则得分为 0 分。

评分标准:该项指标满分为 1 分。

发达城市:公交出行分担率在 30% 以上,得 1 分;公交出行分担率在 20% ~30% ,得 0.5 分;公交出行分担率在 20% 以下,不得分。

发展中城市:公交出行分担率在 15% 以上,得 1 分;公交出行分担率在 10% ~15% ,得 0.5 分;公交出行分担率在 10% 以下,不得分。

指标 D13:非机动化出行比例(%)。

依据:根据各市交通运输主管部门出具的统计数据测算。没有提供相关资料则得分为 0 分。

评分标准:该项指标满分为 1 分。

发达城市:非机动化出行比例在 50% 以上,得 1 分;非机动化出行比例在 30% ~50% ,得 0.5 分;非机动化出行比例在 50% 以下,不得分。

发展中城市:非机动化出行比例在 60% 以上,得 1 分;非机动化出行比例在 40% ~60% ,得 0.5 分;非机动化出行比例在 40% 以下,不得分。

指标 D14:公众出行满意率(%)。

依据:对社会公众开展交通出行满意度调查。

评分标准:该项指标满分为1分。

公众出行满意率在90%以上,得1分;公众出行满意率在60%~90%,得0.5分;公众出行满意率在60%以下,不得分。

指标D15:公交车空位率(%)。

依据:选择特定时间、特定地点开展跟车调查,根据抽样样本数据确定该市公交车一天平均空位率。

评分标准:该项指标满分为1分。

公交车空位率在5%以下,得1分;公交车空位率在5%~40%,得0.5分;公交车空位率在40%以上,不得分。

指标D16:公交车正点率(%)。

依据:主要根据各市统计局、交通运输主管部门与公交企业出具的统计数据和报表进行测算。没有提供相关资料则得分为0分。

评分标准:该项指标满分为1分。

公交车正点率在85%以上,得1分;公交车正点率在50%~85%,得0.5分;公交车正点率在50%以下,不得分。

指标D17:出租汽车里程利用率(%)。

依据:根据各市交通运输主管部门及出租汽车企业出具的统计数据测算。没有提供相关资料则得分为0分。

从图4-17可以看出,全国部分地区出租汽车里程利用率平均值在68%左右。全国最高的省份为贵州,为79%,最低的是天津,为58%。因此,根据以上数据分布情况,对不同区域设置不同得分标准。

评分标准:该项指标满分为1分。

出租汽车里程利用率在83%以上,得1分;出租汽车里程利用率在55%~83%,得0.5分;出租汽车里程利用率在55%以下,不得分。

指标D18:共乘交通发展情况。

依据:查看鼓励共乘交通的相关政策文件,查看相关企业合乘数据,总结材料。没有提供相关资料则得分为0分。

评分标准:该项指标满分为1分。

推广出租汽车合乘、班车、校车等共乘交通且效果较好,得1分;推广出租汽车合乘、班车、校车等共乘交通但效果一般,得0.5分;推广出租汽车合乘、班车、校车等共乘交通但效果较差,不得分。

指标D19:公共自行车推广情况。

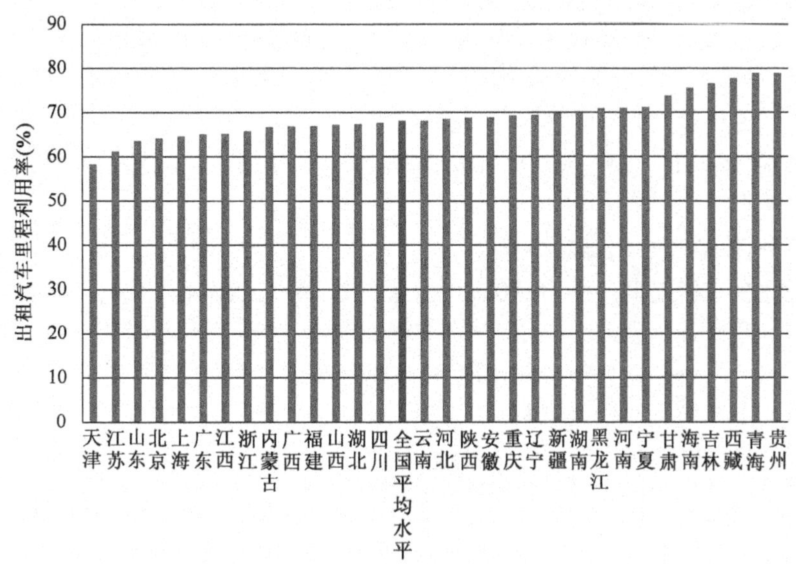

图 4-17　2015 年全国部分地区出租汽车里程利用率

依据:到企业查看公共自行车购买合同、相关项目立项、研究、验收相关材料、城市规划等材料;现场检查公共自行车车辆及停放设施、租赁信息系统等。

评分标准:该项指标满分为 1 分。

该项指标按照累计计分方法进行打分:开展公共自行车低价或免费租赁的,得 0.4 分;建立公共自行车维护和更新制度并组织实施的,得 0.3 分;将公共自行车停放设施纳入城市相关规划的,得 0.3 分。

指标 D20:交通拥堵指数。

依据:参考地方交通运输主管部门出具的统计数据测算。没有提供相关资料则得分为 0 分。

评分标准:该项指标满分为 1 分。

交通拥堵指数在 1 以下,得 1 分;交通拥堵指数在 1 ~ 2,得 0.5 分;交通拥堵指数在 2 以上,不得分。

(5)智能交通与信息化。

指标 E1:公众出行信息服务系统应用。

依据:查看相关项目立项、研究、验收等相关材料;现场检查公众出行信息服务系统指挥中心,并观看其演示功能。

评分标准:该项指标满分为 0.5 分。

建立公众出行信息服务系统,实时发布公众出行信息,并提供完备出行信息咨询服务,得 0.5 分;仅建立公众出行信息服务系统,未提供完备出行信息咨询服务,得 0.3 分;未建立公众出行信息服务系统,不得分。

指标 E2:城市公交智能调度系统应用。

依据:查看相关项目立项、研究、验收等相关材料;现场观看公交智能化平台演示。

评分标准:该项指标满分为 0.5 分。

建立公交智能调度平台,90% 以上公交车辆进入此管理系统,实时监控公交车辆运行情况,得 0.5 分;建立公交智能调度平台,车辆管理比例在 50% ~ 90% ,得 0.3 分;建立公交智能调度系统,管理车辆比例在 50% 以下或未建立公交智能调度平台的城市,不得分。

指标 E3:出租汽车智能调度系统应用。

依据:到出租汽车企业查看相关项目立项、研究、验收相关材料,并现场观看出租汽车智能调度系统的演示。

评分标准:该项指标满分为 0.5 分。

建立城市出租汽车智能调度平台,车辆安装车辆监控设备,提供出租汽车电召服务,得0.5分;未提供出租汽车电召服务,得 0.3 分;未建立城市出租汽车智能调度平台的,不得分。

指标 E4:物流公共信息平台应用。

依据:查看相关项目立项、研究、验收相关材料;现场检查物流公共信息服务平台,并观看其演示功能。

评分标准:该项指标满分为 0.5 分。

建立物流公共信息服务平台,物流智能优化管理效果较好,得 0.5 分;初步建立物流公共信息服务平台,物流智能优化管理效果一般,得 0.3 分;未建立物流公共信息服务平台的,不得分。

指标 E5:物联网技术在道路运输中应用。

依据:查看相关项目研究成果、试点实施方案、应用评价等材料。没有提供相关资料则得分为 0 分。

评分标准:该项指标满分为 0.5 分。

组织开展物联网技术应用研究及试点的,得 0.5 分;物联网技术应用尚处于研究阶段的,得 0.3 分;尚未开展物联网技术应用研究的,不得分。

指标 E6:港口智能调度系统应用。

依据:查看相关项目立项、研究、验收相关材料;现场检查港口智能调度系统,并观看其演示功能。

评分标准:港口城市满分为 0.5 分,其他城市无该项指标。

建立港口智能调度系统,港口货物和堆场的智能优化管理较好,得 0.5 分;初步建立港口智能调度系统,港口货物和堆场的智能优化管理效果一般,得 0.3 分;未建立港口智能调度系统的,不得分。

指标 E7:高速公路不停车收费(ETC)系统应用。

依据:根据各城市高速公路收费站数量及拥有 ETC 车道的收费站数量进行测算。没有提供相关资料则得分为 0 分。

评分标准:该项指标满分为 0.5 分。

拥有 ETC 车道的收费站比重在 70% 以上的,得 0.5 分;拥有 ETC 车道的收费站比重在 40% ~70% 的,得 0.3 分;拥有 ETC 车道的收费站比重在 40% 以下的,不得分。

指标 E8:内河智能导航系统应用。

依据:查看相关项目立项、研究、验收相关材料;现场考察:现场检查内河船舶智能导航系统,并观看其演示功能。

评分标准:拥有内河航运的城市满分为 0.5 分,其他城市无该项指标。

建立内河船舶智能导航系统,为船舶提供导航服务效果较好,得 0.5 分;初步建立内河船舶智能导航系统,为船舶提供导航服务效果一般,得 0.3 分;未建立内河船舶智能导航系统的,不得分。

指标 E9:内河船舶免停靠报港信息服务系统应用。

依据:查看相关项目立项、研究、验收相关材料;现场考察:现场检查内河船舶免停靠报港信息服务系统,并观看其演示功能。

评分标准:拥有内河航运的城市满分为 0.5 分,其他城市无该项指标。

建立内河船舶免停靠报港信息服务系统,为船舶提供免停靠报港信息服务效果较好(船舶安装比例较高,系统稳定,服务费用较低,结算功能齐全),得 0.5 分;初步建立内河船舶免停靠报港信息服务系统,为船舶提供免停靠报港信息服务效果一般,得 0.3 分;未建立内河船舶免停靠报港信息服务系统的,不得分。

(6)管理能力建设。

指标 F1:组织与机构情况。

城市绿色交通运输体系建设组织与领导情况。主要查看各市成立交通运输节能减排工作领导小组(或相应机构)的发布文件,节能减排工作相关会议纪要,工作汇报与总结材料。没有提供相关资料则得分为 0 分。

得分标准:该项指标满分为0.5分。

建立市主管领导为组长的交通节能减排领导机构,明确各成员节能减排管理职责,得0.5分;建立交通运输主管部门领导为组长的交通节能减排领导机构,明确各成员节能减排管理职责,得0.3分;未建立交通节能减排领导机构,不得分。

指标F2:节能减排工作协调机制建立情况。

建立领导小组长期的节能减排工作协调机制,定期召开会议或例会,部署节能减排工作,研究解决相关问题,强化工作措施,业务部门抓好落实。主要在各市交通运输节能减排工作办公室查看工作部署文件,会议纪要和会议总结材料等。没有提供相关资料则得分为0分。

得分标准:该项指标满分为0.5分。

领导小组每年召开3次以上会议或例会,部署节能减排工作,研究解决相关问题,强化工作措施,业务部门抓好落实,得0.5分;领导小组每年召开1~2次会议或例会,部署节能减排工作,研究解决相关问题,强化工作措施,业务部门抓好落实,得0.3分;领导小组没有召开会议或例会,不得分。

指标F3:企业联系制度建立与运行情况。

指形成管理部门与企业的长期联系制度,定期形成节能减排情况汇报材料,上报市局主管部门;定期召开会议,主管领导听取企业节能减排工作汇报,对节能减排工作计划和建议并给予答复。主要在各市交通运输主管部门查看企业节能减排相关工作上报材料、会议记录、相关企业汇报文件、总结材料等。没有提供相关资料则得分为0分。

得分标准:该项指标满分为0.5分。

发布节能减排工作制度文件,形成企业定期联系机制,交通运输主管部门开展调研,召开会议,了解企业节能减排情况,研究解决突出问题,对节能减排工作计划和建议给予答复,得0.5分;发布节能减排工作制度文件,形成企业定期联系机制,交通运输主管部门没有开展调研和召开会议,听取企业节能减排工作汇报,研究解决突出问题的,得0.3分。没有形成企业定期联系机制,不得分。

指标F4:节能减排目标责任评价考核制度。

指城市交通运输主管部门建立并实施节能减排目标责任评价考核制度情况。主要在交通运输主管部门查看节能减排指标分解分配相关资料,开展节能减排目标完成情况的自查与考核相关材料,查看节能减排任务目标责任书等。没有提供相关资料则得分为0分。

得分标准:该项指标满分为0.5分。

制定并逐级分解节能减排目标,成立考核小组,对相关单位节能减排任务目标进行考核,得0.5分;制定并逐级分解节能减排目标,但没有对相关单位节能减排任务目标进行考核,得0.3分;没有制定并逐级分解节能减排目标,不得分。

指标F5:节能减排市场机制推进情况。

指节能减排相关的市场机制,如碳交易、合同能源管理、清洁发展机制、能效认证、领跑者制度等方面发展情况。主要在各城市交通运输主管部门查看合同能源管理项目合同、清洁发展机制项目合同等材料;现场考察:现场检查合同能源管理项目、清洁发展机制项目等项目。没有提供相关资料则得分为0分。

得分标准:该项指标满分为0.5分。

有开展并运行交通运输节能减排市场机制试点工作,并且效果良好,得0.5分;有开展并运行交通运输节能减排市场机制试点工作,并且效果一般,得0.3分;没有开展交通运输节能减排市场机制试点工作,不得分。

指标F6:交通运输节能减排统计监测体系建设。

指城市交通运输主管部门建立节能减排统计监测制度、体系及碳排放核算、监测制度情况。查看定期发布的交通能耗统计信息;查看开展能耗内部审计或第三方检测的相关总结报告;查看建设交通节能减排监测体系相关文件和资料,开展能耗内部监测和开展节能减排第三方监测的相关资料等。没有提供相关资料则得分为0分。

得分标准:该项指标满分为0.5分。

建立了能耗统计监测体系,并运行情况良好的,得0.5分;建立了能耗统计监测体系,并运行情况一般的,得0.3分;没有建立能耗统计监测体系的,不得分。

指标F7:节能减排法规标准制度完善程度。

建立城市节能减排法规标准制度,主要在各市交通运输主管部门查看交通节能减排工作制度文件与相关材料,查看出台和完善市交通节能减排工作配套政策与措施文件。没有提供相关资料则得分为0分。

得分标准:该项指标满分为0.5分。

有落实国家、省节能减排标准规范,并且执行效果较好的,得0.5分;有落实国家、省节能减排标准规范,但执行效果一般的,得0.3分。没有落实国家、省节能减排标准规范的,不得分。

指标F8:节能减排经济激励政策(财税优惠)完善程度。

通过节能减排专项资金等财税优惠手段形成节能减排经济激励政策。主要查看各市交通运输节能减排专项资金设置及其他节能减排财税优惠政策的相关文件与资料，在交通运输主管部门查看交通运输年度投资概算等。没有提供相关资料则得分为0分。

得分标准：该项指标满分为0.5分。

市财政设置交通运输节能减排专项资金，并足额落实，得0.5分；市财政有节能减排资金投入，但未设置交通运输节能减排专项资金的，得0.3分；市财政无节能减排资金投入，不得分。

指标F9：交通节能减排规划、计划制订实施。

编制交通运输领域节能减排相关规划。主要在各市交通运输主管部门查看节能减排、绿色规划等文件。没有提供相关资料则得分为0分。

得分标准：该项指标满分为0.5分。

编制行业节能减排或绿色发展规划，并组织实施效果良好，得0.5分；城市发展规划中包含交通运输节能减排相关内容的，得0.3分；没有编制行业节能减排相关规划且城市发展规划中不包含交通运输节能减排相关内容的，不得分。

指标F10：节能产品、技术组织推广。

主要在城市交通运输主管部门查看节能减排新技术、新工艺、新材料、新设备应用的汇报文件和相关资料；查看省、部级节能减排示范项目相关资料；查看市交通运输重点节能示范工程材料等。没有提供相关资料则得分为0分。

得分标准：该项指标满分为0.5分。

依据国家或行业节能减排产品目录或示范项目进行组织推广，且效果显著的，得0.5分；依据国家或行业节能减排产品目录或示范项目进行组织推广，实施效果一般的，得0.3分；没有推广节能减排产品、技术的，不得分。

指标F11：节能驾驶与操作技术培训与推广。

指组织开展车船节能驾驶技术培训与推广及港口机械节能操作技术培训与推广情况。主要在各城市交通运输主管部门查看节能驾驶、操作培训教材、计划、方案、档案等材料。没有提供相关资料则得分为0分。

得分标准：该项指标满分为0.5分。

以下评价以累加计分方式进行：编制车辆、船舶节能驾驶技术和港口机械节能操作技术培训方案，并按照方案开展培训的，得0.3分；将车船节能驾驶技术培训列入培训必修课程的，得0.2分。

指标F12：城市交通供求管理政策完善程度。

指城市人民政府及有关主管部门出台城市交通需求管理政策情况。主要在各城市交通运输主管部门查看供求管理各项政策文件、新闻报道等材料。没有提供相关资料则得分为0分。

得分标准:该项指标满分为0.5分。

制定城市交通需求管理政策,引导私家车合理使用效果较好的,得0.5分;制定城市交通需求管理政策,引导私家车合理使用效果一般的,得0.3分;没有制定城市交通需求管理相关政策,不得分。

指标F13:宣传培训。

加强宣传培训工作,宣传包括开展"节能宣传周""能源短缺体验日"等活动,通过媒体、广告、宣传材料等手段广泛宣传绿色化交通运输知识。培训主要是市局开展节能减排相关工作人员加强理论与经验培训工作。主要查看各市交通运输主管部门开展宣传培训的通知、汇报与总结等相关材料对该指标进行评价。没有提供相关资料则得分为0分。

得分标准:该项指标满分为0.5分。

以下评价以累加计分方式进行:近3年每年开展节能宣传周活动,以及其他的节能减排宣传与推广工作,得0.3分;开展节能减排培训工作,市局每年组织系统内节能减排培训不少于1次,组织相关企业参与省、市节能减排相关培训,得0.2分。

(7)特色指标。

设置一些能够反映城市绿色交通发展特色的指标,对城市在这些方面的特色进行鼓励。

指标G1:城市交通运输整体形象。

依据:通过听取汇报和对城市情况的整体观察,判断城市交通运输的整体形象。

得分标准:该项指标满分为0.5分。

包含交通网络布局合理、配套完善、环境优美,设施、设备与管理现代化水平较高,便捷化、人性化程度高,与自然和谐;道路、车站(公交车站、长途汽车站、火车站)等服务高效、文明有序;市民绿色出行与交通消费意识强。

指标G2:公共交通导向(TOD)理念在城市规划中应用情况。

依据:查看城市交通规划、城市规划等材料;整体观察:对公共交通导向(TOD)理念在本市城市规划中应用情况进行整体观察。

得分标准:该项指标满分为0.5分。

城市交通规划与城市规划协调融合程度,公共交通导向(TOD)理念在城市规划中得到应用情况。

指标 G3:绿色试点示范。

依据:查看各项示范试点文件等材料。

得分标准:该项指标满分为 0.5 分。

绿色交通运输体系建设试点、公交都市示范、节能减排财政综合性示范、节能与新能源汽车示范应用、甩挂运输试点、绿色城市、智能交通等与绿色交通城市相关的示范试点,或有项目列入交通运输部节能减排示范项目等。

指标 G4:城市荣誉称号。

依据:查看荣誉证书或批文等材料。

得分标准:该项指标满分为 0.5 分。

荣誉称号包括:绿色城市、宜居城市等。

5 结论与研究展望

本书首次研究提出城市绿色交通的内涵、特征及影响因素，构建一套适用于不同类型城市的绿色交通城市评价指标体系，并研究提出一套具有较强系统性和可操作性的测评工作方法体系，为试点城市推进情况与成效的跟踪、评估、考核和验收等工作提供参考依据。经过研究，得到以下几点结论与展望：

(1)城市绿色交通发展的内涵、特征与影响因素会随着城市发展阶段的不同而产生相应的变化。因此，评价指标体系是一个动态的体系，目前的指标更加适用于现阶段绿色交通试点城市工作开展的评价，而随着时间推移和绿色交通运输体系工作的纵深推进，需要进一步更新指标体系，使得指标体系能够更符合实际，具有可操作性。

(2)目前，我国推进绿色交通运输体系建设很大程度上属于政府行为，市场机制产生的效果仍然微乎其微，而评价指标体系的建立是为了更好地推进城市绿色交通运输体系的建设。因此，评价工作的开展需要与相关政府部门的激励机制、奖惩措施相结合才能产生更大的实效。

(3)本书成果围绕交通运输部绿色交通运输体系建设试点城市工作，对其试点成果进行评价，有助于试点成果的验收和总结。

(4)试点城市应参考此指标体系对试点成果进行自评，有助于城市交通运输主管部门对城市绿色交通发展状况有一个全面而深入的了解，认清当前绿色交通运输发展的不足与问题所在，能够帮助地方交通主管运输部门做好规划，抓住重点，提高地方绿色交通发展的效率和管理能力。

附表

绿色交通试点城市评价得分表(A 类城市)

附表 1

评价内容	权重	评价范围	编号	评价指标	单位	含义	权重分解	评价标准	评价方法
综合性指标	21	能源强度指标	A1	营运车辆单位运输周转量能耗	千克标准煤/百吨公里	营运车辆单位运输周转量能耗 = 营运车辆能源消耗量/营运车辆运输周转量;该项指标为否决性指标,得分为 0 代表该次评价结果为未达标等级	2 分	根据《交通运输节能环保"十三五"发展规划》的交通能耗数据:实际值小于 7 千克标准煤/百吨公里,得 2 分; 实际值大于 7.5 千克标准煤/百吨公里,0 分; 实际值在各区间内时,按线性插值法计算得分	材料审核:根据各市统计局《××市统计年鉴》与交通运输局(委)《××市交通统计资料汇编》或交通运输主管部门与统计局出具的统计资料,分别获得交通运输能耗数据和运输周转量数据,进行测算。没有提供相关资料则得分为 0 分
			A2	营运船舶单位运输周转量能耗	千克标准煤/千吨公里	营运船舶单位运输周转量能耗 = 营运船舶能源消耗量/营运船舶运输周转量;该项指标为否决性指标,得分为 0 代表该次评价结果为未达标等级	有水路运输的城市,该项指标满分为 2 分,其他城市无此项指标	实际值小于 5.9 千克标准煤/千吨公里,得 2 分; 实际值大于 6.29 千克标准煤/千吨公里,0 分; 实际值在各区间内时,按线性插值法计算得分	材料审核:根据各市统计局《××市统计年鉴》与交通运输局(委)《××市交通统计资料汇编》或交通运输主管部门与统计局出具的统计资料,分别获得交通运输能耗数据和运输周转量数据,进行测算。没有提供相关资料则得分为 0 分

续上表

评价内容	权重	评价范围	编号	评价指标	单位	含　义	权重分解	评价标准	评价方法
综合性指标	21	能源强度指标	A3	港口生产单位吞吐量能耗	吨标准煤/万吨	港口生产单位吞吐量能耗 = 港口生产能源消耗量/港口吞吐量；该项指标为否决性指标，得分为0代表该次评价结果为未达标等级	拥有港口的城市，该项指标满分为2分；其他城市无此项指标	实际值小于3.6吨标准煤/万吨，得2分； 实际值大于5.4吨标准煤/万吨，0分； 实际值在各区间内时，按线性插值法计算得分	材料审核：根据各市统计局《××市统计年鉴》与交通运输局(委)《××市交通统计资料汇编》或交通运输主管部门与统计局出具的统计资料，分别获得港口生产能耗数据和港口生产吞吐量数据，进行测算。没有提供相关资料则得分为0分
			A4	城市公交单位客运量能耗	吨标准煤/万人次	城市公交单位客运量能耗 = 城市公交能源消耗量/城市公交客运量；该项指标为否决性指标，得分为0代表该次评价结果为未达标等级	2分	实际值小于1.12吨标准煤/万人次，得2分； 实际值大于1.4吨标准煤/万人次，0分； 实际值在各区间内时，按线性插值法计算得分	材料审核：根据各市统计局《××市统计年鉴》与交通运输局(委)《××市交通统计资料汇编》或交通运输主管部门与统计局出具的统计资料，分别获得城市公交能耗数据和公交客运量数据，进行测算。没有提供相关资料则得分为0分
			A5	城市出租汽车单位客运量能耗	吨标准煤/万人次	城市出租汽车单位客运量能耗 = 出租汽车能源消耗量/出租汽车客运量；该项指标为否决性指标，得分为0代表该次评价结果为未达标等级	2分	实际值小于4.5吨标准煤/万人次，得2分； 实际值大于6.8吨标准煤/万人次，0分； 实际值在各区间内时，按线性插值法计算得分	材料审核：根据各市统计局《××市统计年鉴》与交通运输局(委)《××市交通统计资料汇编》或交通运输主管部门与统计局出具的统计资料，分别获得出租汽车能耗数据和出租车客运量数据，进行测算。没有提供相关资料则得分为0分

续上表

评价内容	权重	评价范围	编号	评价指标	单位	含义	权重分解	评价标准	评价方法
综合性指标	21	碳排放强度指标	A6	营运车辆单位运输周转量二氧化碳排放	千克二氧化碳/百吨公里	营运车辆单位运输周转量二氧化碳排放 = 营运车辆二氧化碳排放量/营运车辆运输周转量；该项指标为否决性指标，得分为0代表该次评价结果为未达标等级	2分	实际值小于12千克二氧化碳/百吨公里，得2分； 实际值大于17.5千克二氧化碳/百吨公里，0分； 实际值在各区间内时，按线性插值法计算得分	材料审核：根据各市统计局《××市统计年鉴》与交通运输局(委)《××市交通统计资料汇编》或交通运输主管部门与统计局出具的统计资料，分别获得交通运输分类型能源消耗数据和运输周转量数据，进行测算。没有提供相关资料则得分为0分
			A7	营运船舶单位运输周转量二氧化碳排放	千克二氧化碳/千吨公里	营运船舶单位运输周转量二氧化碳排放 = 营运船舶二氧化碳排放/营运船舶运输周转量；该项指标为否决性指标，得分为0代表该次评价结果为未达标等级	有水路运输的城市，该项指标满分为2分，其他城市无此项指标	实际值小于10千克二氧化碳/千吨公里，得2分； 实际值大于16千克二氧化碳/千吨公里，0分； 实际值在各区间内时，按线性插值法计算得分	材料审核：根据各市统计局《××市统计年鉴》与交通运输局(委)《××市交通统计资料汇编》或交通运输主管部门与统计局出具的统计资料，分别获得交通运输分类型能源消耗数据和运输周转量数据，进行测算。没有提供相关资料则得分为0分
			A8	港口生产单位吞吐量二氧化碳排放	吨二氧化碳/万吨	港口生产单位吞吐量二氧化碳排放 = 港口生产二氧化碳排放/港口吞吐量；该项指标为否决性指标，得分为0代表该次评价结果为未达标等级	拥有港口的城市，该项指标满分为2分；其他城市无此项指标	实际值小于6.8吨二氧化碳/万吨，得2分； 实际值大于9.8吨二氧化碳/万吨，0分； 实际值在各区间内时，按线性插值法计算得分	材料审核：根据各市统计局《××市统计年鉴》与交通运输局(委)《××市交通统计资料汇编》或交通运输主管部门与统计局出具的统计资料，分别获得港口生产分类型能源消耗数据和港口生产吞吐量数据，进行测算。没有提供相关资料则得分为0分

续上表

评价内容	权重	评价范围	编号	评价指标	单位	含 义	权重分解	评 价 标 准	评 价 方 法
综合性指标	21	碳排放强度指标	A9	城市公交单位客运量二氧化碳排放	吨二氧化碳/万人次	城市公交单位客运量二氧化碳排放 = 城市公交二氧化碳排放/城市公交客运量;该项指标为否决性指标,得分为 0 代表该次评价结果为未达标等级	2 分	实际值小于 2 吨二氧化碳/万人次,得 2 分; 实际值大于 3 吨二氧化碳/万人次,0 分; 实际值在各区间内时,按线性插值法计算得分	材料审核:根据各市统计局《××市统计年鉴》与交通运输局(委)《××市交通统计资料汇编》或交通运输主管部门与统计局出具的统计资料,分别获得城市公交分类型能源消耗数据和城市公交客运量数据,进行测算。没有提供相关资料则得分为 0 分
			A10	城市出租汽车单位客运量二氧化碳排放	吨二氧化碳/万人次	城市出租汽车单位客运量二氧化碳排放 = 出租汽车二氧化碳排放量/出租汽车客运量;该项指标为否决性指标,得分为 0 代表该次评价结果为未达标等级	2 分	实际值小于 9.1 吨二氧化碳/万人次,得 2 分; 实际值大于 13.7 吨二氧化碳/万人次,0 分; 实际值在各区间内时,按线性插值法计算得分	材料审核:根据各市统计局《××市统计年鉴》与交通运输局(委)《××市交通统计资料汇编》或交通运输主管部门与统计局出具的统计资料,分别获得出租汽车分类型能源消耗数据和出租车客运量数据,进行测算。没有提供相关资料则得分为 0 分
		污染物控制指标	A11	化学需氧量(COD)、总悬浮颗粒物(TSP)等主要污染物排放强度下降率(相比于 2010 年)	%	主要污染物包含化学需氧量(COD)、总悬浮颗粒物(TSP)、氮氧化物、二氧化硫、挥发性有机化合物 VOCs; 主要污染物排放强度下降率 =(当年交通运输主要污染物排放强度 − 2010 年交通运输主要污染物排放强度)/2010 年交通运输主要污染物排放强度	1 分	实际值与 2015 年相比下降率大于或等于 20%,得 1 分; 实际值与 2015 年相比下降率小于 10%,0 分; 实际值在各区间内时,按线性插值法计算得分	材料审核:根据各市统计局、环保局与交通运输局(委)或交通运输主管部门、环保局与统计局出具的数据和资料。没有提供相关资料则得分为 0 分

续上表

评价内容	权重	评价范围	编号	评价指标	单位	含　义	权重分解	评价标准	评价方法
基础设施	28	综合运输网络	B1	综合运输线网衔接情况	—	指公路、水路、铁路、民航、管道线网总体发展情况及相互衔接程度	1分	编制行政区域范围内的综合运输发展规划（方案），按计划组织实施、成效显著，得1分； 编制行政区域范围内的综合运输发展规划（方案），但实施进展缓慢，得0.5分； 没有编制行政区域范围内的综合运输发展规划（方案），不得分	材料审核：主要查看本市综合运输发展规划或方案、重点项目立项文件、合同和验收报告、媒体报道、实施工作总结等材料。没有提供相关资料则得分为0分
			B2	综合运输枢纽建设情况	—	指提供公路运输、城市公交、城市出租汽车、城市轨道交通、水路运输、铁路、民航等交通运输服务的综合运输枢纽建设情况	1分	编制行政区域范围内的综合运输枢纽发展专项规划（方案），按计划组织实施、成效显著，得1分； 编制行政区域范围内的综合运输枢纽发展专项规划（方案），但实施进展缓慢，得0.5分； 没有编制行政区域范围内的综合运输枢纽发展专项规划（方案），不得分	材料审核：主要查看本市综合运输枢纽发展专项规划、重点项目立项文件、合同和验收报告、媒体报道、实施工作总结等材料。没有提供相关资料则得分为0分
		公路	B3	公路网综合密度	千米/$\sqrt{\text{百平方千米}\times\text{万人}}$	公路线网长度/$\sqrt{\text{面积}\times\text{人口}}$	1分	密度值在38以上，得1分； 密度值为25～38，得0.5分； 密度值为25以下，不得分	材料审核：根据当地交通运输主管部门出具的统计资料数据测算。没有提供相关资料则得分为0分

续上表

评价内容	权重	评价范围	编号	评价指标	单位	含义	权重分解	评价标准	评价方法
基础设施	28	公路	B4	路网等级结构	%	按照公路等级划分，二级以上公路里程占公路总里程的比重	1分	比重在25%以上，得1分； 比重在17%～25%，得0.5分； 比重在17%以下，不得分	材料审核：根据当地交通运输主管部门出具的统计资料数据测算。没有提供相关资料则得分为0分
			B5	路面铺装率	%	道路有铺装路面里程占道路总里程的比重	1分	路面铺装率在69%以上，得1分； 路面铺装率在46%～69%，得0.5分； 路面铺装率在46%以下，不得分	材料审核：根据当地交通运输主管部门出具的统计资料数据测算。没有提供相关资料则得分为0分
			B6	道路绿化率	%	道路绿化率=道路绿化里程/道路里程	1分	在65%以上，得1分； 在43%～65%，得0.5分； 在43%以下，不得分	材料审核：根据当地交通运输主管部门出具的统计资料数据测算。没有提供相关资料则得分为0分
			B7	高速公路与城市路网的衔接程度	—	高速公路与城市道路路网的衔接情况	1分	调查问卷该项指标相关评分项综合得分80分以上的，得1分； 调查问卷该项指标相关评分项综合得分60～80分的，得0.5分； 调查问卷该项指标相关评分项综合得分60分以下的，不得分	问卷调查：对客货运输企业驾驶员、市民开展问卷调查

续上表

评价内容	权重	评价范围	编号	评价指标	单位	含　义	权重分解	评价标准	评价方法
基础设施	28	公路	B8	公路路面建设材料循环利用率	%	依据《交通运输部关于加快推进公路路面材料循环利用工作的指导意见》(交公路发〔2012〕489号),具体指路面旧料回收循环利用率(含回收后再利用和就地利用)	1分	在60%以上,得1分; 在40%~60%,得0.5分; 在40%以下,不得分	材料审核:根据当地交通运输与建设主管部门出具的统计资料数据测算。没有提供相关资料则得分为0分
			B9	新能源在公路工程中的应用情况	—	太阳能、风能等在隧道、服务区、收费站等公路设施建设及运营中的应用程度	1分	太阳能、风能、地热能等新能源在隧道、服务区、收费站等公路设施建设及运营中应用较为充分的,得1分; 太阳能、风能、地热能等新能源在隧道、服务区、收费站等公路设施建设及运营中应用较为一般的,得0.5分; 没有使用新能源,不得分	材料审核:主要查看项目立项文件、合同、验收报告等材料。没有提供相关资料则得分为0分
			B10	客运枢纽换乘便利性程度	—	公路客运枢纽内,公路客运与城市客运的换乘便利性	1分	枢纽内部换乘距离不超过500米,换乘通道行走通畅,换乘效果良好,得1分; 枢纽内部换乘距离超过500米或换乘通道拥挤、通行效果不好,得0.5分; 枢纽内部换乘距离超过500米且换乘通道拥挤、通行效果不好,不得分	实地考察:通过现场体验客运枢纽的换成便利程度,进行打分

续上表

评价内容	权重	评价范围	编号	评价指标	单位	含　　义	权重分解	评价标准	评价方法
基础设施	28	公路	B11	货运衔接便利性程度	—	其他货运方式与公路货运及公路货运中转衔接便利性情况	1分	到达货运场站的车辆在1小时之内安排卸货，卸下的货物在1小时之内安排装货并运出场站，得1分； 到达货运场站的车辆在1小时之内不能安排卸货或卸下的货物在1小时之内不能安排装货并运出场站，得0.5分； 到达货运场站的车辆在1小时之内不能安排卸货且卸下的货物在1小时之内不能安排装货并运出场站，不得分	实地考察：通过查看货物在货运场站中转衔接的效率和便利性，进行打分
			B12	施工机械节能绿色技术应用情况	—	公路施工机械节能绿色技术的推广应用情况	1分	施工机械节能绿色技术在公路建设中应用效果显著的，得1分； 施工机械节能绿色技术在公路建设中应用效果一般的，得0.5分； 没有应用施工机械节能绿色技术的，不得分	材料审核：主要查看施工机械节能绿色技术项目立项文件、合同、验收报告等材料。没有提供相关资料则得分为0分
			B13	公路噪声治理情况	—	通过隔音障、橡胶粉改性沥青路面等技术降低公路的噪声污染	1分	公路噪声治理效果较好的，得1分； 公路噪声治理效果一般的，得0.5分； 没有进行公路噪声治理的，不得分	材料审核：主要查看公路建设工程项目中设计和施工过程中对噪声治理相关材料。没有提供相关资料则得分为0分

续上表

评价内容	权重	评价范围	编号	评价指标	单位	含义	权重分解	评价标准	评价方法
基础设施	28	公路	B14	高速公路服务区污水处理和回用情况	—	高速公路服务区修建污水处理系统处理和回收利用污水的情况	1分	高速公路服务区污水处理和回用效果较好的,得1分; 高速公路服务区污水处理和回用效果一般的,得0.5分; 没有进行高速公路服务区污水处理和回用的,不得分	实地考察:对高速公路服务区是否建设污水处理和回用技术的相关材料进行查看,并实地查看污水处理和回用系统的应用情况
		城市公交	B15	城市公交线网密度	千米/平方千米	城市公交线网密度 = 市区公交线网长度/市区面积	1分	在17.6千米/平方千米以上,得1分; 在11.7~17.6千米/平方千米,得0.5分; 在11.7千米/平方千米以下,不得分	材料审核:根据当地统计局和交通运输主管部门出具的统计资料数据测算。没有提供相关资料则得分为0分
			B16	公交站点覆盖率(500米)	%	城市公共站点500米覆盖率 = 建成区公共站点500米覆盖面积/建成区面积	1分	在85%以上,得1分; 在69%~85%,得0.5分; 在69%以下,不得分	材料审核:根据当地统计局和交通运输主管部门出具的统计资料数据测算。没有提供相关资料则得分为0分
			B17	每万人城市快速公交里程数(含公交专用道和轨道交通)	千米/万人	每万人城市快速公交里程数 = (城市公交专用道 + 轨道交通)/人口数	1分	在0.3千米/万人以上,得1分; 在0.21~0.3千米/万人,得0.5分; 在0.09千米/万人以下,不得分	材料审核:根据统计局、交通运输主管部门与轨道交通相关企业出具的统计资料测算。没有提供相关资料则得分为0分

续上表

评价内容	权重	评价范围	编号	评价指标	单位	含　义	权重分解	评价标准	评价方法
基础设施	28	城市公交	B18	城市自行车专用道建设情况	—	城市建成区范围内自行车专用道的建设情况	1分	城市发展规划(方案)中考虑自行车专用道建设规划并落实效果较好的,得1分; 城市发展规划(方案)中考虑自行车专用道建设规划但落实效果较差或无落实的,得0.5分; 城市发展规划(方案)中不包含自行车专用道建设规划的,不得分	材料审核:依据城市道路建设规划、方案、项目批复、立项、实施计划等与自行车道建设相关材料,没有提供相关材料则该项指标得分为0分
			B19	城市行人步道建设情况	—	城市建成区范围内行人步道的建设情况	1分	城市发展规划(方案)中考虑行人步道建设规划并落实效果较好的,得1分; 城市发展规划(方案)中考虑行人步道建设规划但落实效果较差或无落实的,得0.5分; 城市发展规划(方案)中不包含行人步道建设规划的,不得分	材料审核:依据城市道路建设规划、方案、项目批复、立项、实施计划等与行人步道建设相关材料,没有提供相关材料则该项指标得分为0分
			B20	城市交通信号灯运行效率	—	城市建成区范围内城市道路设置信号灯路口的车辆通行效率	1分	调查问卷该项指标相关评分项综合得分80分以上的,得1分; 调查问卷该项指标相关评分项综合得分60～80分的,得0.5分; 调查问卷该项指标相关评分项综合得分60分以下的,不得分	问卷调查:与交警部门合作,对开车市民开展问卷调查

续上表

评价内容	权重	评价范围	编号	评价指标	单位	含　义	权重分解	评价标准	评价方法
基础设施	28	城市公交	B21	天然气加气站、充电站建设与使用情况	—	用于车辆加气或充电的天然气加气站、充电站建设情况及使用便捷程度	1分	明确天然气加气站和车辆充电站发展目标和主要任务，天然气加气站与车辆充电站年度发展目标和主要任务基本实现，加气站和充电站建设进度与天然气和电能驱动的装备增长速度基本相匹配，得1分； 明确天然气加气站和车辆充电站发展目标和主要任务，天然气加气站与车辆充电站年度发展目标和主要任务基本实现，但已投入运营的加气站和充电站不足以供应所有天然气和电能驱动的装备，得0.5分； 未明确天然气加气站和车辆充电站发展目标和主要任务，不得分	材料审核：主要查看天然气加气站发展专项规划、车辆充电站发展专项规划、城市相关规划、加气站或充电站项目立项文件、合同、验收报告等材料。没有提供相关资料则得分为0分。 实地考察：现场观看加气站和充电站使用情况
		水路	B22	五级以上内河航道比重	%	五级以上内河航道比重＝五级以上航道里程/航道总里程	拥有内河航道城市满分为1分，其他城市无该项指标	比重在30%以上，得1分； 比重在15%～30%，得0.5分； 比重在15%以下，不得分	材料审核：根据交通运输主管部门及港航主管部门出具的统计资料测算。没有提供相关资料则得分为0分

续上表

评价内容	权重	评价范围	编号	评价指标	单位	含　义	权重分解	评价标准	评价方法
基础设施	28	水路	B23	沿海港口万吨级以上泊位比重	%	沿海港口万吨级以上泊位比重＝沿海港口万吨级以上泊位个数/沿海港口总泊位个数	沿海港口城市满分为1分，其他城市无该项指标	比重在30%以上，得1分； 比重在20%～30%，得0.5分； 比重在20%以下，不得分	材料审核：参考当地港航主管部门及港口企业出具的统计资料测算。没有提供相关资料则得分为0分
			B24	内河港口300吨以上泊位比重	%	内河港口300吨以上泊位比重＝内河港口300吨以上泊位个数/内河港口总泊位个数	内河港口城市满分为1分，其他城市无该项指标	比重在45%以上，得1分； 比重在25%～45%，得0.5分； 比重在25%以下，不得分	材料审核：参考当地港航主管部门及港口企业出具的统计资料测算。没有提供相关资料则得分为0分
			B25	港口新能源使用情况	—	港口推广太阳能、潮汐能、风能、地热能等新能源利用技术情况	港口城市满分为1分，其他城市无该项指标	港口太阳能、潮汐能、风能、地热能等新能源应用较为充分的，得1分； 港口太阳能、潮汐能、风能、地热能等新能源应用较为一般的，得0.5分； 港口没有应用太阳能、潮汐能、风能、地热能等新能源的，不得分	材料考核：主要查看港口新能源项目立项文件、合同、验收报告等材料。没有提供相关资料则得分为0分
			B26	太阳能一体化航标灯应用情况	—	太阳能一体化航标灯在水运中的应用情况	有水路运输的城市满分为1分，其他城市无该项指标	太阳能一体化航标灯得到大规模应用的，得1分； 太阳能一体化航标灯在小范围试用的，得0.5分； 没有应用太阳能一体化航标灯的，不得分	材料审核：主要查看太阳能一体化航标灯应用计划、购买和安装合同、发票、工作总结等材料。没有提供相关资料则得分为0分

续上表

评价内容	权重	评价范围	编号	评价指标	单位	含义	权重分解	评价标准	评价方法
基础设施	28	水路	B27	港口粉尘综合防治情况	—	对港口码头煤炭、铁精砂等存货由于料细质轻，在储放和转运装卸的过程中（如料跺、堆场、卸船机、转运皮带落料点等位置）引起的粉尘污染的防范和治理情况	有港口的城市满分为1分，其他城市无该项指标	港口粉尘综合防治效果较好的，得1分； 港口粉尘综合防治情况效果一般的，得0.5分； 没有进行港口粉尘综合防治的，不得分	实地考察：对港口粉尘综合防治技术应用的相关材料进行查看，并实地查看港口粉尘综合防治技术的应用情况
			B28	港口污水综合处理情况	—	对港口码头工业废水和生活污水的处理情况	有港口的城市满分为1分，其他城市无该项指标	港口污水综合处理效果较好的，得1分； 港口污水综合处理效果一般的，得0.5分； 没有进行港口污水综合处理的，不得分	实地考察：对港口污水综合处理技术的相关材料进行查看，并实地查看港口污水综合处理技术的应用情况
运输装备	18	营运车辆	C1	节能绿色型营运车辆占营运车辆比重	%	混合动力、天然气动力、生物质能和电能营运车辆数占全市营运车辆总数比重	1分	比重在10%以上，得1分； 比重在3%～10%，得0.5分； 比重在3%以下，不得分	材料审核：根据各市统计局、交通主管部门、交通运管部门出具的统计资料，汇总测算。没有提供相关资料则得分为0分
			C2	节能绿色型公交车辆占公交车比重	%	混合动力、天然气动力、生物质能和电能公交车车辆数占全市公交车车辆总数比重	1分	比重在59%以上，得1分； 比重在38%～59%，得0.5分； 比重在38%以下，不得分	材料审核：根据各市统计局、交通主管部门、交通运管部门、公交企业出具的统计资料，汇总测算。没有提供相关资料则得分为0分

续上表

评价内容	权重	评价范围	编号	评价指标	单位	含　义	权重分解	评价标准	评价方法
运输装备	18	营运车辆	C3	节能绿色型出租汽车占出租汽车比重	%	混合动力、天然气动力、生物质能和电能出租汽车车辆数占全市出汽租车车辆总数比重	1分	比重在68%以上，得1分； 比重在46%～68%，得0.5分； 比重在46%以下，不得分	材料审核：根据各市统计局、交通主管部门、交通运管部门、出租汽车企业出具的统计资料，汇总测算。没有提供相关资料则得分为0分
			C4	厢式货车和集装箱货车占比	%	厢式货车和集装箱货车占比＝全市拥有厢式货车和集装箱货车车辆数(辆)/全市货车车辆总数(辆)	1分	厢式货车和集装箱货车占比在6%以上，得1分； 厢式货车和集装箱货车占比在4%～6%，得0.5分； 厢式货车和集装箱货车占比在4%以下，不得分	材料审核：根据统计部门、交通主管部门与运管部门出具的统计数据测算。没有提供相关资料则得分为0分
			C5	每万人拥有的公交车标台数	标台/万人	万人公交车辆保有量＝全市公交车辆保有量(标台)/全市人口数(万人)	1分	万人公交车辆保有量在15标台/万人以上，得1分； 万人公交车辆保有量在10～15标台/万人，得0.5分； 万人公交车辆保有量在10标台/万人以下，不得分	材料审核：根据交通主管部门与运管部门出具的统计数据测算。没有提供相关资料则得分为0分
			C6	营运货车平均吨位	吨/辆	营运货车平均吨位＝营运载货汽车吨位数/营运载货汽车车辆数	1分	营运货车平均吨位在8.3吨/辆以上，得1分； 营运货车平均吨位在5.5～8.3吨/辆，得0.5分； 营运货车平均吨位在5.5吨/辆之下，不得分	材料审核：各市交通主管部门出具的统计数据测算。没有提供相关资料则得分为0分

续上表

评价内容	权重	评价范围	编号	评价指标	单位	含义	权重分解	评价标准	评价方法
运输装备	18	营运车辆	C7	车辆节能绿色新技术应用情况	—	在用车辆推广应用柴油机清洁技术、能量回收技术、热能管理技术等节能绿色新技术的情况	1分	车辆节能绿色新技术应用情况较好，得1分； 车辆节能绿色新技术应用情况一般，得0.5分； 没有推广车辆节能绿色新技术，不得分	材料审核：主要查看节能绿色新技术项目立项文件、合同、验收报告等材料。没有提供相关资料则得分为0分
		营运船舶	C8	内河船型标准化率	%	投入使用的内河船舶是否符合交通运输部发布的《全面推进全国内河船型标准化工作指导意见》和《内河运输船舶标准船型指标体系》中规定的标准化水平	拥有内河航运城市满分为1分，其他城市无该项指标	内河船型标准化率在70%以上，得1分； 内河船型标准化率在50%~70%，得0.5分； 内河船型标准化率在50%以下，不得分	材料审核：查看港航主管部门与水运企业出具的相关资料（重点是船舶资料）。没有提供相关资料则得分为0分
			C9	老旧船舶淘汰情况	—	达到淘汰标准的老旧船舶淘汰情况	拥有水路运输城市满分为1分，其他城市无该项指标	明确老旧船舶淘汰目标与任务，按照计划实现老旧船舶淘汰目标与任务，得1分； 明确老旧船舶淘汰目标与任务，未实现老旧船舶淘汰目标与任务，得0.5分； 未明确老旧船舶淘汰目标与任务，不得分	材料审核：主要查看老旧船舶淘汰专项规划、城市相关规划、船舶注销登记记录等材料。没有提供相关资料则得分为0分
			C10	沿海船舶平均吨位	吨/艘	沿海船舶平均吨位=沿海营运船舶净载重量（吨）/沿海船舶艘数（艘）	沿海城市满分为1分，其他城市无该项指标	在3500吨/艘以上，得1分； 在3000~3500吨/艘之间，得0.5分； 在3000吨/艘以下，不得分	材料审核：查看港航主管部门及水运企业出具的相关统计资料测算。没有提供相关资料则得分为0分

续上表

评价内容	权重	评价范围	编号	评价指标	单位	含　义	权重分解	评价标准	评价方法
运输装备	18	营运船舶	C11	内河船舶平均吨位	吨/艘	内河船舶平均吨位 = 内河营运船舶净载重量(吨)/内河船舶艘数(艘)	拥有内河航运城市满分为1分,其他城市无该项指标	在1217吨/艘以上,得1分; 在812～1217吨/艘,得0.5分; 在812吨/艘以下,不得分	材料审核:查看港航主管部门及水运企业出具的相关统计资料测算。没有提供相关资料则得分为0分
			C12	节能绿色型船舶应用程度	—	混合动力、电能动力等船舶应用情况	拥有水路运输的城市满分为1分,其他城市无该项指标	混合动力、电能动力等船舶应用情况较好的,得1分; 混合动力、电能动力等船舶应用情况一般,得0.5分; 没有推广使用混合动力、电能动力等船舶的,不得分	材料审核:主要查看船舶相关购买、改造合同、项目立项文件、验收报告等材料。没有提供相关资料则得分为0分
			C13	船舶节能绿色新技术应用情况	—	船用热泵技术、低表面能涂料、余热回收技术、气膜减阻技术等船舶节能减排新技术在船舶上的推广应用情况	拥有水路运输的城市满分为1分,其他城市无该项指标	船用热泵技术、低表面能涂料、余热回收技术、气膜减阻等节能减排新技术在船舶上应用效果显著的,得1分; 船用热泵技术、低表面能涂料、余热回收技术、气膜减阻技术等节能减排新技术在船舶上应用效果一般的,得0.5分; 没有应用船用热泵技术、低表面能涂料、余热回收技术、气膜减阻技术等节能减排新技术的,不得分	材料审核:主要查看项目立项文件、合同、验收报告、工作总结等材料。没有提供相关资料则得分为0分

续上表

评价内容	权重	评价范围	编号	评价指标	单位	含义	权重分解	评价标准	评价方法
运输装备	18	营运船舶	C14	船舶污水接收处理情况	—	油污水、黑水、厨房灰水、洗涤灰水等船舶污水的接受和处理情况	拥有水路运输的城市满分为1分，其他城市无该项指标	船舶污水接收处理效果较好的，得1分； 船舶污水接收处理效果一般的，得0.5分； 没有进行船舶污水接收处理的，不得分	实地考察：对船舶污水接收处理技术应用的相关材料进行查看，并实地查看船舶污水接收处理情况
			C15	船舶垃圾接收处理情况	—	生活垃圾、油渣、废油垃圾等船舶垃圾的接收和处理情况	拥有水路运输的城市满分为1分，其他城市无该项指标	船舶垃圾接收处理效果较好的，得1分； 船舶垃圾接收处理效果一般的，得0.5分； 没有进行船舶垃圾接收处理的，不得分	实地考察：对船舶垃圾接收处理技术的相关材料进行查看，并实地查看船舶垃圾接收处理情况
		港口机械	C16	港口RTG“油改电”情况（含新购ERTG）	—	港口RTG“油改电”与新购ERTG数量占总RTG数量比重	港口城市满分为1分，其他城市无该项指标	比重在80%以上的，得1分； 比重在50%～80%，得0.5分； 比重在50%以下的，不得分	材料审核：根据交通主管部门和港口企业统计的RTG“油改电”数量测算其比重。没有提供相关资料则得分为0分
			C17	岸电技术应用情况	—	港口泊位为靠港船舶提供使用电能的设施与装备的安装建设情况	港口城市满分为1分，其他城市无该项指标	港口岸电设施已建设完成且实施效果较好，得1分； 港口岸电设施已建设完成但使用效果一般，得0.5分； 没有港口岸电设施建设计划，不得分	材料审核：主要查看港口岸电项目立项文件、合同、验收报告、港口岸电设施使用记录、电费记录等材料。没有提供相关资料则得分为0分

续上表

评价内容	权重	评价范围	编号	评价指标	单位	含　义	权重分解	评价标准	评价方法
运输装备	18	港口机械	C18	港口装卸节能减排新技术应用情况	—	电能驱动和变频控制的港口装卸设备等新技术在港口装卸中的推广应用情况	港口城市满分为1分，其他城市无该项指标	港口装卸新技术应用情况较好，得1分； 港口装卸新技术应用情况一般，得0.5分； 没有推广港口装卸新技术，不得分	材料审核：主要查看相关项目立项文件、合同、验收报告等材料。没有提供相关资料则得分为0分
运输组织	20	综合运输	D1	多式联运发展情况	—	各种运输方式联运发展情况	1分	出台鼓励多式联运发展政策，并实施效果较好的，得1分； 出台鼓励多式联运发展政策，正在组织实施的，得0.5分； 无多式联运发展政策的，不得分	材料审核：查看多式联运推广或鼓励发展指导文件、多式联运合同等相关材料。没有提供相关资料则得分为0分
			D2	水运与铁路货运承运比重	%	水运与铁路货物周转量承运比重 =（水路货物周转量 + 铁路货物周转量）/总货物周转量	1分	承运比重在33%以上，得1分； 承运比重在22%～33%，得0.5分； 承运比重在22%以下，不得分	材料审核：根据各城市统计局与交通运输主管部门出具的相关统计报表与数据测算。没有提供相关资料则得分为0分
			D3	城乡客运一体化程度	—	城市与周边城镇之间客运一体化情况	1分	调查问卷该项指标相关评分项综合得分80分以上的，得1分； 调查问卷该项指标相关评分项综合得分60～80分的，得0.5分； 调查问卷该项指标相关评分项综合得分60分以下的，不得分	问卷调查：对乘客开展问卷调查

续上表

评价内容	权重	评价范围	编号	评价指标	单位	含　　义	权重分解	评价标准	评价方法
运输组织	20	综合运输	D4	第三方物流发展水平	—	由物流劳务的供方、需方之外的第三方完成物流服务的物流运作方式发展情况	1分	城市第三方物流承运比重较大、服务质量较好，得1分； 城市第三方物流承运比重一般、服务质量一般，得0.5分； 没有第三方物流服务或承运比重较小，不得分	材料审核：查看交通运输主管部门关于第三方物流发展的工作总结等相关材料。没有提供相关资料则得分为0分
			D5	滚装运输、江海直达运输发展情况	—	"滚装船"连车带货运输、江海直达运输两种水上运输方式的发展情况	拥有水路运输的城市满分为1分，其他城市无该项指标	出台鼓励滚装运输或江海直达运输发展政策的，已开通滚装运输航线或江海直达运输航线，得1分； 出台鼓励滚装运输或江海直达运输发展政策的，但未开通滚装运输航线或江海直达运输航线，得0.5分； 未出台鼓励滚装运输或江海直达运输发展政策的，不得分	材料审核：查看滚装运输、江海直达运输发展指导文件、合同等相关材料。没有提供相关资料则得分为0分
		公路水路运输	D6	甩挂运输开展应用情况	%	甩挂运输推广和使用效果的调查情况	1分	开展甩挂运输并效果良好，得1分； 开展甩挂运输并效果一般，得0.5分； 没开展甩挂运输，不得分	材料审核：依据甩挂运输发展规划、方案、计划和项目立项批复、合同、验收材料等相关材料，没有提供相关资料则得分为0分

续上表

评价内容	权重	评价范围	编号	评价指标	单位	含　义	权重分解	评价标准	评价方法
运输组织	20	公路水路运输	D7	营运货车里程利用率	%	营运货车里程利用率 =（总里程 - 空驶里程）/总里程	1分	营运货车里程利用率在80%以上，得1分； 营运货车里程利用率在60%～80%，得0.5分； 营运货车里程利用率在60%以下，不得分	材料审核：根据各市交通运输主管部门、运管部门及货运企业出具的统计数据测算。没有提供相关资料则得分为0分
			D8	营运客车实载率	%	营运客车实载率 = 里程利用率 × 客位利用率 =［（总里程 - 空驶里程）/总里程］×（实际载客位数/核定载客位数）	1分	营运客车实载率在70%以上，得1分； 营运客车实载率在50%～70%，得0.5分； 营运客车实载率在50%以下，不得分	材料审核：根据各市交通运输主管部门、运管部门及客运企业出具的统计数据测算。没有提供相关资料则得分为0分
			D9	道路货运经营业户平均拥有车辆数	辆/户	道路货运经营业户平均拥有车辆数 = 道路货运经营业户拥有车辆数/道路货运经营业户户数	1分	拥有车辆数在2.3辆/户以上，得1分； 拥有车辆数在1.5～2.3辆/户，得0.5分； 拥有车辆数在1.5辆/户以下，不得分	材料审核：根据各市交通运输主管部门出具的统计数据测算。没有提供相关资料则得分为0分
			D10	内河货运经营业户平均拥有船舶数	艘/户	内河货运经营业户平均拥有船舶数 = 内河货运经营业户拥有船舶数/内河货运经营业户户数	拥有内河航运的城市满分为1分，其他城市无该项指标	拥有船舶数在5艘/户以上，得1分； 拥有船舶数在2～5艘/户，得0.5分； 拥有船舶数在2艘/户以下，不得分	材料审核：根据各市交通运输主管部门及港航主管部门出具的统计数据测算。没有提供相关资料则得分为0分

续上表

评价内容	权重	评价范围	编号	评价指标	单位	含义	权重分解	评价标准	评价方法
运输组织	20	公路水路运输	D11	港口联运比例（铁水联运和水水中转）	%	港口联运比例 = 港口联运货运量/港口货物吞吐量	港口城市满分为1分，其他城市无该项指标	港口联运比例在5%以上，得1分； 港口联运比例在1%～5%，得0.5分； 港口联运比例在1%以下，不得分	材料审核：各市交通运输主管部门与港口企业出具的统计数据测算。没有提供相关资料则得分为0分
		城市公交	D12	公交出行分担率（不包含步行出行）	%	城市居民出行方式中选择公共交通（包括常规公交和轨道交通）的出行量占总出行量的比率，这个指标是衡量公共交通发展、城市交通结构合理性的重要指标	1分	公交出行分担率在30%以上，得1分； 公交出行分担率在20%～30%，得0.5分； 公交出行分担率在20%以下，不得分	材料审核：主要根据各市统计局、交通运输主管部门与公交企业出具的统计数据和报表进行测算。没有提供相关资料则得分为0分
			D13	非机动化出行比例	%	非机动化出行量占总出行量的比例	1分	非机动化出行比例在50%以上，得1分； 非机动化出行比例在30%～50%，得0.5分； 非机动化出行比例在50%以下，不得分	材料审核：根据各市交通运输主管部门出具的统计数据。没有提供相关资料则得分为0分
			D14	公众出行满意率	—	社会公众对城市出行基础设施、服务水平、便利条件等方面的满意程度	1分	公众出行满意率在90%以上，得1分； 公众出行满意率60%～90%，得0.5分； 公众出行满意率在60%以下，不得分	问卷调查：对社会公众开展交通出行满意度调查

续上表

评价内容	权重	评价范围	编号	评价指标	单位	含义	权重分解	评价标准	评价方法
运输组织	20	城市公交	D15	公交车空位率	%	公交车特定时间空位数占总座位数的比重	1分	公交车平均空位率在5%以下,得1分; 公交车平均空位率在5%~40%,得0.5分; 公交车平均空位率在40%以上,不得分	实地考察:选择特定时间、特定地点开展跟车调查,根据抽样样本数据确定该市公交车一天平均空位率
			D16	公交车正点率	%	公交车到站时间与要求时间的相符程度	1分	公交车正点率在85%以上,得1分; 公交车正点率在50%~85%,得0.5分; 公交车正点率在50%以下,不得分	实地考察:选择特定地点、特定时间对公交车到站时间进行实地记录,根据抽样样本数据确定该市公交车平均正点率
			D17	出租汽车里程利用率	%	出租汽车里程利用率=(总行驶里程-空驶里程)/总行驶里程	1分	出租汽车里程利用率在83%以上,得1分; 出租汽车里程利用率在55%~83%,得0.5分; 出租汽车里程利用率在55%以下,不得分	材料审核:根据各市交通运输主管部门及出租汽车企业出具的统计数据测算。没有提供相关资料则得分为0分
			D18	共乘交通发展情况	—	指班车、校车等共乘交通发展情况	1分	推广班车、校车等共乘交通且效果较好,得1分; 推广班车、校车等共乘交通但效果一般,得0.5分; 推广班车、校车等共乘交通但效果较差,不得分	材料审核:查看鼓励共乘交通的相关政策文件,查看相关企业合乘数据,总结材料。没有提供相关资料则得分为0分

续上表

评价内容	权重	评价范围	编号	评价指标	单位	含义	权重分解	评价标准	评价方法
运输组织	20	城市公交	D19	公共自行车推广情况	—	城市政府及有关部门组织购买投放公共自行车、规划建设公共自行车停放设施、建立公共自行车租赁信息系统等推广公共自行车的情况	1分	该项指标按照累计计分方法进行打分： 开展公共自行车低价或免费租赁的，得0.4分； 建立公共自行车维护和更新制度并组织实施的，得0.3分； 将公共自行车停放设施纳入城市相关规划的，得0.3分	实地考察：到企业查看公共自行车购买合同、相关项目立项、研究、验收相关材料、城市规划等材料；现场检查公共自行车车辆及停放设施、租赁信息系统等
			D20	交通拥堵指数	—	交通拥堵指数（指定路段）=（实际出行用时 − 理论出行用时）/理论出行用时	1分	交通拥堵指数在1以下，得1分； 交通拥堵指数在1～2，得0.5分； 交通拥堵指数在2以上，不得分	材料审核：参考地方交通运输主管部门出具的统计数据测算。没有提供相关资料则得分为0分
智能交通与信息化	4.5	智能交通与信息化	E1	公众出行信息服务系统应用	—	公众出行服务系统、地理信息系统平台、数据库管理系统、呼叫服务管理系统、短信服务系统、信息管理中心、外场设备等部分组成的提供出行信息服务的信息化管理平台	0.5分	建立公众出行信息服务系统，实时发布公众出行信息，并提供完备出行信息咨询服务，得0.5分； 仅建立公众出行信息服务系统，未提供完备出行信息咨询服务，得0.3分； 未建立公众出行信息服务系统，不得分	实地考察：查看相关项目立项、研究、验收等相关材料；现场检查公众出行信息服务系统指挥中心，并观看其演示功能

续上表

评价内容	权重	评价范围	编号	评价指标	单位	含义	权重分解	评价标准	评价方法
智能交通与信息化	4.5	智能交通与信息化	E2	城市公交智能调度系统应用	—	为公交企业提供智能化服务管理、应急指挥等方面的调度系统	0.5分	建立公交智能调度平台，90%以上公交车辆进入此管理系统，实时监控公交车辆运行情况，得0.5分； 建立公交智能调度平台，车辆管理比例在50%~90%，得0.3分； 建立公交智能调度系统，管理车辆比例在50%以下或未建立公交智能调度平台的城市，不得分	实地考察：查看相关项目立项、研究、验收等相关材料；现场观看公交智能化平台演示
			E3	出租汽车智能调度系统应用	—	为出租汽车企业提供服务管理及应急指挥等的调度系统	0.5分	建立城市出租汽车智能调度平台，车辆安装车辆监控设备，提供出汽租车电召服务，得0.5分； 建立城市出租汽车智能调度平台，车辆安装车辆监控设备，未提供出租汽车电召服务，得0.3分； 未建立城市出租汽车智能调度平台的，不得分	实地考察：到出租汽车企业查看相关项目立项、研究、验收等相关材料；现场观看出租汽车智能调度系统的演示功能
			E4	物流公共信息平台应用	—	为物流企业提供物流信息服务、应急调度等信息化智能管理平台	0.5分	建立物流公共信息服务平台，物流智能优化管理效果较好，得0.5分； 初步建立物流公共信息服务平台，物流智能优化管理效果一般，得0.3分； 未建立物流公共信息服务平台的，不得分	实地考察：查看相关项目立项、研究、验收等相关材料；现场检查物流公共信息服务平台，并观看其演示功能

续上表

评价内容	权重	评价范围	编号	评价指标	单位	含义	权重分解	评价标准	评价方法
智能交通与信息化	4.5	智能交通与信息化	E5	物联网技术在道路运输中应用	—	无线射频识别(RFID)、智能标签、智能化分拣、条形码技术等物联网技术在本市道路运输中的应用情况	0.5分	组织开展物联网技术应用研究及试点的,得0.5分; 物联网技术应用尚处于研究阶段的,得0.3分; 尚未开展物联网技术应用研究的,不得分	材料审核:查看相关项目研究成果、试点实施方案、应用评价等材料。没有提供相关资料则得分为0分
			E6	港口智能调度系统应用	—	为港口企业提供服务管理及应急指挥等的调度系统	港口城市满分为0.5分,其他城市无该项指标	建立港口智能调度系统,港口货物和堆场的智能优化管理较好,得0.5分; 初步建立港口智能调度系统,港口货物和堆场的智能优化管理效果一般,得0.3分; 未建立港口智能调度系统的,不得分	实地考察:查看相关项目立项、研究、验收等相关材料;现场检查港口智能调度系统,并观看其演示功能
			E7	高速公路不停车收费(ETC)系统应用	—	在高速公路上拥有ETC车道的收费站数量占收费站总数的比重	0.5分	拥有ETC车道的收费站比重在60%以上的,得0.5分; 拥有ETC车道的收费站比重在40%~60%的,得0.3分; 拥有ETC车道的收费站比重在40%以下的,不得分	材料审核:根据各城市高速公路收费站数量及拥有ETC车道的收费站数量进行测算。没有提供相关资料则得分为0分

续上表

评价内容	权重	评价范围	编号	评价指标	单位	含　义	权重分解	评价标准	评价方法
智能交通与信息化	4.5	智能交通与信息化	E8	内河智能导航系统应用	—	为内河船舶提供导航服务的信息系统	拥有内河航运的城市满分为 0.5 分，其他城市无该项指标	建立内河船舶智能导航系统，为船舶提供导航服务效果较好，得 0.5 分； 初步建立内河船舶智能导航系统，为船舶提供导航服务效果一般，得 0.3 分； 未建立内河船舶智能导航系统的，不得分	实地考察：查看相关项目立项、研究、验收相关材料；现场检查内河船舶智能导航系统，并观看其演示功能
			E9	内河船舶免停靠报港信息服务系统应用	—	为内河船舶提供免停靠报港信息服务的信息系统的推广应用情况	拥有内河航运的城市满分为 0.5 分，其他城市无该项指标	建立内河船舶免停靠报港信息服务系统，为船舶提供免停靠报港信息服务效果较好的（船舶安装比例较高，系统稳定，服务费用较低，结算功能齐全），得 0.5 分； 初步建立内河船舶免停靠报港信息服务系统，为船舶提供免停靠报港信息服务效果一般的，得 0.3 分； 未建立内河船舶免停靠报港信息服务系统的，不得分	实地考察：查看相关项目立项、研究、验收等相关材料；现场检查内河船舶免停靠报港信息服务系统，并观看其演示功能

续上表

评价内容	权重	评价范围	编号	评价指标	单位	含　义	权重分解	评价标准	评价方法
管理能力建设	6.5	机构与运行机制	F1	组织与机构情况	—	市人民政府及其交通运输主管部门对城市绿色交通运输体系建设的组织与领导情况	0.5分	建立市主管领导为组长的交通节能减排领导机构，明确各成员节能减排管理职责，得0.5分； 建立交通运输主管部门领导为组长的交通节能减排领导机构，明确各成员节能减排管理职责，得0.3分； 未建立交通节能减排领导机构，不得分	材料审核：主要查看各市成立交通运输节能减排工作领导小组（或相应机构）的发布文件，节能减排工作相关会议纪要，工作汇报与总结材料。没有提供相关资料则得分为0分
			F2	节能工作协调机制建立与运行情况	—	交通运输节能减排领导小组开展工作情况	0.5分	领导小组每年召开3次以上会议或例会，部署节能减排工作，研究解决相关问题，强化工作措施，业务部门抓好落实，得0.5分； 领导小组每年召开1~2次会议或例会，部署节能减排工作，研究解决相关问题，强化工作措施，业务部门抓好落实，得0.3分； 领导小组没有召开会议或例会，不得分	材料审核：主要在各市交通运输节能减排工作办公室查看工作部署文件，会议纪要和会议总结材料等。没有提供相关资料则得分为0分

续上表

评价内容	权重	评价范围	编号	评价指标	单位	含　义	权重分解	评 价 标 准	评 价 方 法
管理能力建设	6.5	机构与运行机制	F3	企业联系制度建立与运行情况	—	形成管理部门与企业的长期联系制度，定期形成节能减排情况汇报材料，上报市局主管部门；定期召开会议，主管领导听取企业节能减排工作汇报，对节能减排工作计划和建议并给予答复	0.5分	发布节能减排工作制度文件，形成企业定期联系机制，交通运输主管部门开展调研，召开会议，了解企业节能减排情况，研究解决突出问题，对节能减排工作计划和建议给予答复，得0.5分； 发布节能减排工作制度文件，形成企业定期联系机制，交通运输主管部门没有开展调研和召开会议，听取企业节能减排工作汇报，研究解决突出问题，得0.3分； 没有形成企业定期联系机制，不得分	材料审核：主要在各市交通运输主管部门查看企业节能减排相关工作上报材料、会议记录、相关企业汇报文件、总结材料等。没有提供相关资料则得分为0分
			F4	节能减排目标责任评价考核制度	—	城市交通运输主管部门建立并实施节能减排目标责任评价考核制度情况	0.5分	制定并逐级分解节能减排目标，成立考核小组，对相关单位节能减排任务目标进行考核，得0.5分； 制定并逐级分解节能减排目标，但没有对相关单位节能减排任务目标进行考核，得0.3分； 没有制定并逐级分解节能减排目标，不得分	材料审核：主要在交通运输主管部门查看节能减排指标分解分配相关资料，开展节能减排目标完成情况的自查与考核相关材料，查看节能减排任务目标责任书等。没有提供相关资料则得分为0分

续上表

评价内容	权重	评价范围	编号	评价指标	单位	含义	权重分解	评价标准	评价方法
管理能力建设	6.5	机构与运行机制	F5	节能减排市场机制推进情况	—	节能减排相关的市场机制,如碳交易、合同能源管理、清洁发展机制、能效认证、领跑者制度等方面发展情况	0.5分	有开展并运行交通运输节能减排市场机制试点工作,并且效果良好,得0.5分; 有开展并运行交通运输节能减排市场机制试点工作,并且效果一般,得0.3分; 没有开展交通运输节能减排市场机制试点工作,不得分	材料审核:在各城市交通运输主管部门查看合同能源管理项目、清洁发展机制项目、碳排放交易试点项目材料和车船能效及碳排放认证等市场机制推广相关材料。没有提供相关资料则得分为0分
			F6	交通运输节能减排统计监测体系建设	—	城市交通运输主管部门建立节能减排统计监测制度、体系及碳排放核算、监测制度情况	0.5分	建立了能耗统计监测体系,并运行情况良好的,得0.5分; 建立了能耗统计监测体系,并运行情况一般的,得0.3分; 没有建立能耗统计监测体系,不得分	材料审核:查看定期发布的交通能耗统计信息;查看开展能耗内部审计或第三方检测的相关总结报告;查看建设交通节能减排监测体系相关文件和资料,开展能耗内部监测和开展节能减排第三方监测的相关资料等。没有提供相关资料则得分为0分
		政策措施	F7	节能减排标准规范执行程度	—	城市有关主管部门落实执行节能减排标准规范及其配套政策情况	0.5分	有落实国家、省节能减排标准规范,并且执行效果较好的,得0.5分; 有落实国家、省节能减排标准规范,但执行效果一般的得0.3分; 没有落实国家、省节能减排标准规范的,不得分	材料审核:主要在各市交通运输主管部门查看交通节能减排工作制度文件与相关会议材料,查看市交通节能减排工作配套政策与措施文件。没有提供相关资料则得分为0分

续上表

评价内容	权重	评价范围	编号	评价指标	单位	含义	权重分解	评价标准	评价方法
管理能力建设	6.5	政策措施	F8	节能减排经济激励政策（财税优惠）完善程度	—	城市有关主管部门通过节能减排专项资金等财税优惠手段形成节能减排经济激励政策的情况	0.5分	市本级财政设置交通运输节能减排专项资金，并足额落实，得0.5分； 市本级财政有节能减排资金投入，但未设置交通运输节能减排专项资金的，得0.3分； 市本级财政无节能减排资金投入，不得分	材料审核：主要查看各市交通运输节能减排专项资金设置及其他节能减排财税优惠政策的相关文件与资料，在交通运输主管部门查看交通运输年度投资概算等。没有提供相关资料则得分为0分
			F9	交通节能减排规划、计划制订实施	—	市交通运输主管部门编制、公布和实施节能减排、绿色“十三五”规划和中长期规划工作情况	0.5分	编制行业节能减排或绿色发展规划，并组织实施效果良好，得0.5分； 城市发展规划中包含交通运输节能减排相关内容的，得0.3分； 没有编制行业节能减排相关规划且城市发展规划中不包含交通运输节能减排相关内容的，不得分	材料审核：主要在各城市交通运输主管部门查看相关规划文件及前述各项规划实施评估报告等文件。没有提供相关资料则得分为0分
			F10	节能产品、技术组织推广	—	市交通运输主管部门在本城市辖区范围内组织推广节能减排产品和新技术、新工艺、新材料、新设备（例如温拌沥青等）的工作情况	0.5分	依据国家或行业节能减排产品目录或示范项目进行组织推广，且效果显著的，得0.5分； 依据国家或行业节能减排产品目录或示范项目进行组织推广，实施效果一般的，得0.3分； 没有推广节能减排产品、技术的，不得分	材料审核：主要在城市交通运输主管部门查看节能减排新技术、新工艺、新材料、新设备应用的汇报文件和相关资料；查看省、部级节能减排示范项目相关资料；查看市交通运输重点节能示范工程材料等。没有提供相关资料则得分为0分

续上表

评价内容	权重	评价范围	编号	评价指标	单位	含　　义	权重分解	评 价 标 准	评 价 方 法
管理能力建设	6.5	政策措施	F11	节能驾驶与操作技术培训与推广	—	组织开展车船节能驾驶技术培训与推广及港口机械节能操作技术培训与推广情况	0.5 分	以下评价以累加计分方式进行： 编制车辆、船舶节能驾驶技术和港口机械节能操作技术培训方案，并按照方案开展培训的，得 0.3 分； 将车船节能驾驶技术培训列入培训必修课程的，得 0.2 分	材料审核：主要在各城市交通运输主管部门查看节能驾驶、操作培训教材、计划、方案、档案等材料。没有提供相关资料则得分为 0 分
			F12	城市交通供求管理政策完善程度	—	城市人民政府及有关主管部门出台城市交通需求管理政策情况	0.5 分	制定城市交通需求管理政策，引导私家车合理使用效果较好的，得 0.5 分； 制定城市交通需求管理政策，引导私家车合理使用效果一般的，得 0.3 分； 没有制定城市交通需求管理相关政策，不得分	材料审核：主要在各城市交通运输主管部门查看供求管理各项政策文件、新闻报道等材料。没有提供相关资料则得分为 0 分
			F13	宣传培训	—	城市交通运输主管部门加强宣传培训工作，宣传包括开展“节能宣传周”“绿色体验日”等活动，通过媒体、广告、宣传材料等手段广泛宣传绿色化交通运输知识。培训主要是市局开展节能减排相关工作人员加强理论与经验培训工作	0.5 分	以下评价以累加计分方式进行： 近 3 年每年开展节能宣传周活动，以及其他的节能减排宣传与推广工作，得 0.3 分； 开展节能减排培训工作，市局每年组织系统内节能减排培训不少于 1 次，组织相关企业参与省、市节能减排相关培训，得 0.2 分	材料审核：主要查看各市交通运输主管部门开展宣传培训的通知、汇报与总结等相关材料对该指标进行评价。没有提供相关资料则得分为 0 分

附表 2

特色指标评价得分表(A 类城市)

特色指标	编号	含义	权重分解	评价标准	评价方法
城市交通运输整体形象	G1	城市交通网络布局、交通环境、社会氛围、市民绿色交通意识等城市交通运输整体形象情况	0.5 分	交通网络布局合理、配套完善、环境优美,设施、设备与管理现代化水平较高,便捷化、人性化程度高,与自然和谐;道路、车站(公交车站、长途汽车站、火车站)等服务高效、文明有序;市民绿色出行与交通消费意识强	听取汇报及整体观察
公共交通导向(TOD)理念在城市规划中应用情况	G2	公共交通导向(TOD)理念在城市新城建设或旧城改造规划中的应用情况	0.5 分	城市交通规划与城市规划协调融合程度,公共交通导向(TOD)理念在城市规划中得到应用情况	材料审核:查看城市交通规划、城市规划等材料;整体观察:对公共交通导向(TOD)理念在本市城市规划中应用情况进行整体观察
绿色试点示范	G3	入选国家、各部委有关绿色试点示范的情况	0.5 分	绿色交通运输体系建设试点、公交都市示范、节能减排财政综合性示范、节能与新能源汽车示范应用、甩挂运输试点、绿色城市、智能交通等与绿色交通城市相关的示范试点,或有项目列入交通运输部节能减排示范项目等	材料审核:查看各项示范试点文件等材料
城市荣誉称号	G4	城市获得国家、有关部委授予的节能绿色相关荣誉称号情况	0.5 分	荣誉称号包括:绿色城市、宜居城市等	材料审核:查看荣誉证书或批文等材料

附表3

绿色交通试点城市评价得分表(B类城市)

评价内容	权重	评价范围	编号	评价指标	单位	含义	权重分解	评价标准	评价方法
综合性指标	21	能源强度指标	A1	营运车辆单位运输周转量能耗	千克标准煤/百吨公里	营运车辆单位运输周转量能耗=营运车辆能源消耗量/营运车辆运输周转量;该项指标为否决性指标,得分为0代表该次评价结果为未达标等级	2分	根据《节能减排"十三五"规划》的交通能耗数据: 实际值小于7千克标准煤/百吨公里,得2分; 实际值大于7.5千克标准煤/百吨公里,0分; 实际值在各区间内时,按线性插值法计算得分	材料审核:根据各市统计局《××市统计年鉴》与交通运输局(委)《××市交通统计资料汇编》或交通运输主管部门与统计局出具的统计资料,分别获得交通运输能耗数据和运输周转量数据,进行测算。没有提供相关资料则得分为0分
			A2	营运船舶单位运输周转量能耗	千克标准煤/千吨公里	营运船舶单位运输周转量能耗=营运船舶能源消耗量/营运船舶运输周转量;该项指标为否决性指标,得分为0代表该次评价结果为未达标等级	有水路运输的城市,该项指标满分为2分,其他城市无此项指标	根据《节能减排"十三五"规划》的交通能耗数据: 实际值小于5.9千克标准煤/千吨公里,得2分; 实际值大于6.29千克标准煤/千吨公里,0分; 实际值在各区间内时,按线性插值法计算得分	材料审核:根据各市统计局《××市统计年鉴》与交通运输局(委)《××市交通统计资料汇编》或交通运输主管部门与统计局出具的统计资料,分别获得交通运输能耗数据和运输周转量数据,进行测算。没有提供相关资料则得分为0分
			A3	港口生产单位吞吐量能耗	吨标准煤/万吨	港口生产单位吞吐量能耗=港口生产能源消耗量/港口吞吐量;该项指标为否决性指标,得分为0代表该次评价结果为未达标等级	拥有港口的城市,该项指标满分为2分;其他城市无此项指标	实际值小于3.6吨标准煤/万吨,得2分; 实际值大于5.4吨标准煤/万吨,0分; 实际值在各区间内时,按线性插值法计算得分	材料审核:根据各市统计局《××市统计年鉴》与交通运输局(委)《××市交通统计资料汇编》或交通运输主管部门与统计局出具的统计资料,分别获得港口生产能耗数据和港口生产吞吐量数据,进行测算。没有提供相关资料则得分为0分

续上表

评价内容	权重	评价范围	编号	评价指标	单位	含　义	权重分解	评价标准	评价方法
综合性指标	21	能源强度指标	A4	城市公交单位客运量能耗	吨标准煤/万人次	城市公交单位客运量能耗 = 城市公交能源消耗量/城市公交客运量；该项指标为否决性指标，得分为0代表该次评价结果为未达标等级	2分	实际值小于1.12吨标准煤/万人次，得2分； 实际值大于1.4吨标准煤/万人次，0分； 实际值在各区间内时，按线性插值法计算得分	材料审核：根据各市统计局《××市统计年鉴》与交通运输局(委)《××市交通统计资料汇编》或交通运输主管部门与统计局出具的统计资料，分别获得城市公交能耗数据和公交客运量数据，进行测算。没有提供相关资料则得分为0分
			A5	城市出租汽车单位客运量能耗	吨标准煤/万人次	城市出租汽车单位客运量能耗 = 出租汽车能源消耗量/出租汽车客运量；该项指标为否决性指标，得分为0代表该次评价结果为未达标等级	2分	实际值小于4.5吨标准煤/万人次，得2分； 实际值大于6.8吨标准煤/万人次，0分； 实际值在各区间内时，按线性插值法计算得分	材料审核：根据各市统计局《××市统计年鉴》与交通运输局(委)《××市交通统计资料汇编》或交通运输主管部门与统计局出具的统计资料，分别获得出租汽车能耗数据和出租汽车客运量数据，进行测算。没有提供相关资料则得分为0分
		碳排放强度指标	A6	营运车辆单位运输周转量二氧化碳排放	千克二氧化碳/百吨公里	营运车辆单位运输周转量二氧化碳排放 = 营运车辆二氧化碳排放量/营运车辆运输周转量；该项指标为否决性指标，得分为0代表该次评价结果为未达标等级	2分	实际值小于12千克二氧化碳/百吨公里，得2分； 实际值大于17.5千克二氧化碳/百吨公里，0分； 实际值在各区间内时，按线性插值法计算得分	材料审核：根据各市统计局《××市统计年鉴》与交通运输局(委)《××市交通统计资料汇编》或交通运输主管部门与统计局出具的统计资料，分别获得交通运输分类型能源消耗数据和运输周转量数据，进行测算。没有提供相关资料则得分为0分

续上表

评价内容	权重	评价范围	编号	评价指标	单位	含义	权重分解	评价标准	评价方法
综合性指标	21	碳排放强度指标	A7	营运船舶单位运输周转量二氧化碳排放	千克二氧化碳/千吨公里	营运船舶单位运输周转量二氧化碳排放 = 营运船舶二氧化碳排放/营运船舶运输周转量；该项指标为否决性指标，得分为0分代表该次评价结果为未达标等级	有水路运输的城市，该项指标满分为2分，其他城市无此项指标	实际值小于10千克二氧化碳/千吨公里，得2分； 实际值大于16千克二氧化碳/千吨公里，0分； 实际值在各区间内时，按线性插值法计算得分	材料审核：根据各市统计局《××市统计年鉴》与交通运输局(委)《××市交通统计资料汇编》或交通运输主管部门与统计局出具的统计资料，分别获得交通运输分类型能源消耗数据和运输周转量数据，进行测算。没有提供相关资料则得分为0分
			A8	港口生产单位吞吐量二氧化碳排放	吨二氧化碳/万吨	港口生产单位吞吐量二氧化碳排放 = 港口生产二氧化碳排放/港口吞吐量；该项指标为否决性指标，得分为0分代表该次评价结果为未达标等级	拥有港口的城市，该项指标满分为2分；其他城市无此项指标	实际值小于6.8吨二氧化碳/万吨，得2分； 实际值大于9.8吨二氧化碳/万吨，0分； 实际值在各区间内时，按线性插值法计算得分	材料审核：根据各市统计局《××市统计年鉴》与交通运输局(委)《××市交通统计资料汇编》或交通运输主管部门与统计局出具的统计资料，分别获得港口生产分类型能源消耗数据和港口生产吞吐量数据，进行测算。没有提供相关资料则得分为0分
			A9	城市公交单位客运量二氧化碳排放	吨二氧化碳/万人次	城市公交单位客运量二氧化碳排放 = 城市公交二氧化碳排放/城市公交客运量；该项指标为否决性指标，得分为0代表该次评价结果为未达标等级	2分	实际值小于2吨二氧化碳/万人次，得2分； 实际值大于3吨二氧化碳/万人次，0分； 实际值在各区间内时，按线性插值法计算得分	材料审核：根据各市统计局《××市统计年鉴》与交通运输局(委)《××市交通统计资料汇编》或交通运输主管部门与统计局出具的统计资料，分别获得城市公交分类型能源消耗数据和城市公交客运量数据，进行测算。没有提供相关资料则得分为0分

续上表

评价内容	权重	评价范围	编号	评价指标	单位	含　义	权重分解	评价标准	评价方法
综合性指标	21	碳排放强度指标	A10	城市出租汽车单位客运量二氧化碳排放	吨二氧化碳/万人次	城市出租汽车单位客运量二氧化碳排放＝出租汽车二氧化碳排放量/出租汽车客运量；该项指标为否决性指标，得分为0代表该次评价结果为未达标等级	2分	实际值小于9.1吨二氧化碳/万人次，得2分； 实际值大于13.7吨二氧化碳/万人次，0分； 实际值在各区间内时，按线性插值法计算得分	材料审核：根据各市统计局《××市统计年鉴》与交通运输局（委）《××市交通统计资料汇编》或交通运输主管部门与统计局出具的统计资料，分别获得出租车分类型能源消耗数据和出租汽车客运量数据，进行测算。没有提供相关资料则得分为0分
		污染物控制指标	A11	化学需氧量（COD）、总悬浮颗粒物（TSP）等主要污染物排放强度下降率（相比于2010年）	%	主要污染物包含化学需氧量（COD）、总悬浮颗粒物（TSP）、氮氧化物、二氧化硫、挥发性有机化合物VOCs； 主要污染物排放强度下降率＝（当年交通运输主要污染物排放强度－2010年交通运输主要污染物排放强度）/2010年交通运输主要污染物排放强度	1分	实际值与2015年相比下降率大于或等于20%，得1分； 实际值与2015年相比下降率小于10%，0分。 实际值在各区间内时，按线性插值法计算得分	材料审核：根据各市统计局、环保局与交通运输局（委）或交通运输主管部门、环保局与统计局出具的数据和资料。没有提供相关资料则得分为0分
基础设施	28	综合运输网络	B1	综合运输线网衔接情况	—	指公路、水路、铁路、民航、管道线网总体发展情况及相互衔接程度	1分	编制行政区域范围内的综合运输发展规划（方案），按计划组织实施、成效显著，得1分； 编制行政区域范围内的综合运输发展规划（方案），但实施进展缓慢，得0.5分； 没有编制行政区域范围内的综合运输发展规划（方案），不得分	材料审核：主要查看本市综合运输发展规划或方案、重点项目立项文件、合同和验收报告、媒体报道、实施工作总结等材料。没有提供相关资料则得分为0分

续上表

评价内容	权重	评价范围	编号	评价指标	单位	含义	权重分解	评价标准	评价方法
基础设施	28	综合运输网络	B2	综合运输枢纽建设情况	—	指提供公路运输、城市公交、城市出租汽车、城市轨道交通、水路运输、铁路、民航等交通运输服务的综合运输枢纽建设情况	1分	编制行政区域范围内的综合运输枢纽发展专项规划(方案),按计划组织实施、成效显著,得1分; 编制行政区域范围内的综合运输枢纽发展专项规划(方案),但实施进展缓慢,得0.5分; 没有编制行政区域范围内的综合运输枢纽发展专项规划(方案),不得分	材料审核:主要查看本市综合运输枢纽发展专项规划、重点项目立项文件、合同和验收报告、媒体报道、实施工作总结等材料。没有提供相关资料则得分为0分
		公路	B3	公路网综合密度	千米/$\sqrt{百平方千米\times万人}$	公路线网长度/$\sqrt{面积\times人口}$	1分	密度值在30以上,得1分; 密度值为20~30,得0.5分; 密度值为20以下,不得分	材料审核:根据当地交通运输主管部门出具的统计资料数据测算。没有提供相关资料则得分为0分
			B4	路网等级结构	%	按照公路等级划分,二级以上公路里程占公路总里程的比重	1分	比重在25%以上,得1分; 比重在17%~25%,得0.5分; 比重在17%以下,不得分	材料审核:根据当地交通运输主管部门出具的统计资料数据测算。没有提供相关资料则得分为0分
			B5	路面铺装率	%	道路有铺装路面里程占道路总里程的比重	1分	路面铺装率在55%以上,得1分; 路面铺装率在37%~55%,得0.5分; 路面铺装率在37%以下,不得分	材料审核:根据当地交通运输主管部门出具的统计资料数据测算。没有提供相关资料则得分为0分

续上表

评价内容	权重	评价范围	编号	评价指标	单位	含　义	权重分解	评价标准	评价方法
基础设施	28	公路	B6	道路绿化率	%	道路绿化率 = 道路绿化里程/道路里程	1分	在65%以上,得1分; 在43% ~65%,得0.5分; 在43%以下,不得分	材料审核:根据当地交通运输主管部门出具的统计资料数据测算。没有提供相关资料则得分为0分
			B7	高速公路与城市路网的衔接程度	—	高速公路与城市道路路网的衔接情况	1分	调查问卷该项指标相关评分项综合得分80分以上的,得1分; 调查问卷该项指标相关评分项综合得分60 ~ 80分的,得0.5分; 调查问卷该项指标相关评分项综合得分60分以下的,不得分	问卷调查:对客货运输企业驾驶员、市民开展问卷调查
			B8	公路路面建设材料循环利用率	%	依据《交通运输部关于加快推进公路路面材料循环利用工作的指导意见》(交公路发〔2012〕489号),具体指路面旧料回收循环利用率(含回收后再利用和就地利用)	1分	在60%以上,得1分; 在40% ~ 60%,得0.5分; 在40%以下,不得分	材料审核:根据当地交通运输与建设主管部门出具的统计资料数据测算。没有提供相关资料则得分为0分
			B9	新能源在公路工程中的应用情况	—	太阳能、风能等在隧道、服务区、收费站等公路设施建设及运营中的应用程度	1分	太阳能、风能、地热能等新能源在隧道、服务区、收费站等公路设施建设及运营中应用较为充分的,得1分; 太阳能、风能、地热能等新能源在隧道、服务区、收费站等公路设施建设及运营中应用较为一般的,得0.5分; 没有使用新能源,不得分	材料审核:主要查看项目立项文件、合同、验收报告等材料。没有提供相关资料则得分为0分

续上表

评价内容	权重	评价范围	编号	评价指标	单位	含义	权重分解	评价标准	评价方法
基础设施	28	公路	B10	客运枢纽换乘便利性程度	—	公路客运枢纽内，公路客运与城市客运的换乘便利性	1分	枢纽内部换乘距离不超过500米，换乘通道行走通畅，换乘效果良好，得1分； 枢纽内部换乘距离超过500米或换乘通道拥挤、通行效果不好，得0.5分； 枢纽内部换乘距离超过500米且换乘通道拥挤、通行效果不好，不得分	实地考察：通过现场体验客运枢纽的换成便利程度，进行打分
			B11	货运衔接便利性程度	—	其他货运方式与公路货运及公路货运中转衔接便利性情况	1分	到达货运场站的车辆在1小时之内安排卸货，卸下的货物在1小时之内安排装货并运出场站，得1分； 到达货运场站的车辆在1小时之内不能安排卸货或卸下的货物在1小时之内不能安排装货并运出场站，得0.5分； 到达货运场站的车辆在1小时之内不能安排卸货且卸下的货物在1小时之内不能安排装货并运出场站，不得分	实地考察：通过查看货物在货运场站中转衔接的效率和便利性，进行打分

续上表

评价内容	权重	评价范围	编号	评价指标	单位	含　义	权重分解	评价标准	评价方法
基础设施	28	公路	B12	施工机械节能绿色技术应用情况	—	公路施工机械节能绿色技术的推广应用情况	1分	施工机械节能绿色技术在公路建设中应用效果显著的，得1分； 施工机械节能绿色技术在公路建设中应用效果一般的，得0.5分； 没有应用施工机械节能绿色技术的，不得分	材料审核：主要查看施工机械节能绿色技术项目立项文件、合同、验收报告等材料。没有提供相关资料则得分为0分
			B13	公路噪声治理情况	—	通过隔音障、橡胶粉改性沥青路面等技术降低公路的噪声污染	1分	公路噪声治理效果较好的，得1分； 公路噪声治理效果一般的，得0.5分； 没有进行公路噪声治理的，不得分	材料审核：主要查看公路建设工程项目中设计和施工过程中对噪声治理相关材料。没有提供相关资料则得分为0分
			B14	高速公路服务区污水处理和回用情况	—	高速公路服务区修建污水处理系统处理和回收利用污水的情况	1分	高速公路服务区污水处理和回用效果较好的，得1分； 高速公路服务区污水处理和回用效果一般的，得0.5分； 没有进行高速公路服务区污水处理和回用的，不得分	实地考察：对高速公路服务区是否建设污水处理和回用技术的相关材料进行查看，并实地查看污水处理和回用系统的应用情况

续上表

评价内容	权重	评价范围	编号	评价指标	单位	含义	权重分解	评价标准	评价方法
基础设施	28	城市公交	B15	城市公交线网密度	千米/平方千米	城市公交线网密度 = 市区公交线网长度/市区面积	1分	在17.6千米/平方千米以上,得1分; 在11.7~17.6千米/平方千米,得0.5分; 在11.7千米/平方千米以下,不得分	材料审核:根据当地统计局和交通运输主管部门出具的统计资料数据测算。没有提供相关资料则得分为0分
			B16	公交站点覆盖率(500米)	%	城市公共站点500米覆盖率 = 建成区公共站点500米覆盖面积/建成区面积	1分	在85%以上,得1分; 在69%~85%,得0.5分; 在69%以下,不得分	材料审核:根据当地统计局和交通运输主管部门出具的统计资料数据测算。没有提供相关资料则得分为0分
			B17	每万人城市快速公交里程数(含公交专用道和轨道交通)	千米/万人	每万人城市快速公交里程数 =(城市公交专用道+轨道交通)/人口数	1分	在0.3千米/万人以上,得1分; 在0.21~0.3千米/万人,得0.5分; 在0.09千米/万人以下,不得分	材料审核:根据统计局、交通运输主管部门与轨道交通相关企业出具的统计资料测算。没有提供相关资料则得分为0分
			B18	城市自行车专用道建设情况	—	城市建成区范围内自行车专用道的建设情况	1分	城市发展规划(方案)中考虑自行车专用道建设规划并落实效果较好的,得1分; 城市发展规划(方案)中考虑自行车专用道建设规划但落实效果较差或无落实的,得0.5分; 城市发展规划(方案)中不包含自行车专用道建设规划的,不得分	材料审核:依据城市道路建设规划、方案、项目批复、立项、实施计划等与自行车道建设相关材料,没有提供相关材料则该项指标得分为0分

续上表

评价内容	权重	评价范围	编号	评价指标	单位	含义	权重分解	评价标准	评价方法
基础设施	28	城市公交	B19	城市行人步道建设情况	—	城市建成区范围内行人步道的建设情况	1分	城市发展规划(方案)中考虑行人步道建设规划并落实效果较好的,得1分; 城市发展规划(方案)中考虑行人步道建设规划但落实效果较差或无落实的,得0.5分; 城市发展规划(方案)中不包含行人步道建设规划的,不得分	材料审核:依据城市道路建设规划、方案、项目批复、立项、实施计划等与行人步道建设相关材料,没有提供相关材料则该项指标得分为0分
			B20	城市交通信号灯运行效率	—	城市建成区范围内城市道路设置信号灯路口的车辆通行效率	1分	调查问卷该项指标相关评分项综合得分80分以上的,得1分; 调查问卷该项指标相关评分项综合得分60~80分的,得0.5分; 调查问卷该项指标相关评分项综合得分60分以下的,不得分	问卷调查:与交警部门合作,对开车市民开展问卷调查

续上表

评价内容	权重	评价范围	编号	评价指标	单位	含义	权重分解	评价标准	评价方法
基础设施	28	城市公交	B21	天然气加气站、充电站建设与使用情况	—	用于车辆加气或充电的天然气加气站、充电站建设情况及使用便捷程度	1分	明确天然气加气站和车辆充电站发展目标和主要任务，天然气加气站与车辆充电站年度发展目标和主要任务基本实现，加气站和充电站建设进度与天然气和电能驱动的装备增长速度基本相匹配，得1分； 明确天然气加气站和车辆充电站发展目标和主要任务，天然气加气站与车辆充电站年度发展目标和主要任务基本实现，但已投入运营的加气站和充电站不足以供应所有天然气和电能驱动的装备，得0.5分； 未明确天然气加气站和车辆充电站发展目标和主要任务，不得分	材料审核：主要查看天然气加气站发展专项规划、车辆充电站发展专项规划、城市相关规划、加气站或充电站项目立项文件、合同、验收报告等材料。没有提供相关资料则得分为0分。 实地考察：现场观看加气站和充电站使用情况
		水路	B22	五级以上内河航道比重	%	五级以上内河航道比重=五级以上航道里程/航道总里程	拥有内河航道城市满分为1分，其他城市无该项指标	比重在30%以上，得1分； 比重在15%～30%，得0.5分； 比重在15%以下，不得分	材料审核：根据交通运输主管部门及港航主管部门出具的统计资料测算。没有提供相关资料则得分为0分

续上表

评价内容	权重	评价范围	编号	评价指标	单位	含　义	权重分解	评 价 标 准	评 价 方 法
基础设施	28	水路	B23	沿海港口万吨级以上泊位比重	%	沿海港口万吨级以上泊位比重＝沿海港口万吨级以上泊位个数/沿海港口总泊位个数	沿海港口城市满分为1分，其他城市无该项指标	比重在30%以上，得1分； 比重在20%～30%，得0.5分； 比重在20%以下，不得分	材料审核：参考当地港航主管部门及港口企业出具的统计资料测算。没有提供相关资料则得分为0分
			B24	内河港口300吨以上泊位比重	%	内河港口300吨以上泊位比重＝内河港口300吨以上泊位个数/内河港口总泊位个数	内河港口城市满分为1分，其他城市无该项指标	比重在45%以上，得1分； 比重在25%～45%，得0.5分； 比重在25%以下，不得分	材料审核：参考当地港航主管部门及港口企业出具的统计资料测算。没有提供相关资料则得分为0分
			B25	港口新能源使用情况	—	港口推广太阳能、潮汐能、风能、地热能等新能源利用技术情况	港口城市满分为1分，其他城市无该项指标	港口太阳能、潮汐能、风能、地热能等新能源应用较为充分的，得1分； 港口太阳能、潮汐能、风能、地热能等新能源应用较为一般的，得0.5分； 港口没有应用太阳能、潮汐能、风能、地热能等新能源的，不得分	材料考核：主要查看港口新能源项目立项文件、合同、验收报告等材料。没有提供相关资料则得分为0分

续上表

评价内容	权重	评价范围	编号	评价指标	单位	含义	权重分解	评价标准	评价方法
基础设施	28	水路	B26	太阳能一体化航标灯应用情况	—	太阳能一体化航标灯在水运中的应用情况	有水路运输的城市满分为1分，其他城市无该项指标	太阳能一体化航标灯得到大规模应用的，得1分； 太阳能一体化航标灯在小范围试用的，得0.5分； 没有应用太阳能一体化航标灯的，不得分	材料审核：主要查看太阳能一体化航标灯应用计划、购买和安装合同、发票、工作总结等材料。没有提供相关资料则得分为0分
			B27	港口粉尘综合防治情况	—	对港口码头煤炭、铁精砂等存货由于料细质轻，在储放和转运装卸的过程中（如料跺、堆场、卸船机、转运皮带落料点等位置）引起的粉尘污染的防范和治理情况	有港口的城市满分为1分，其他城市无该项指标	港口粉尘综合防治效果较好的，得1分； 港口粉尘综合防治情况效果一般的，得0.5分； 没有进行港口粉尘综合防治的，不得分	实地考察：对港口粉尘综合防治技术应用的相关材料进行查看，并实地查看港口粉尘综合防治技术的应用情况
			B28	港口污水综合处理情况	—	对港口码头工业废水和生活污水的处理情况	有港口的城市满分为1分，其他城市无该项指标	港口污水综合处理效果较好的，得1分； 港口污水综合处理效果一般的，得0.5分； 没有进行港口污水综合处理的，不得分	实地考察：对港口污水综合处理技术的相关材料进行查看，并实地查看港口污水综合处理技术的应用情况

续上表

评价内容	权重	评价范围	编号	评价指标	单位	含义	权重分解	评价标准	评价方法
运输装备	18	营运车辆	C1	节能绿色型营运车辆占营运车辆比重	%	混合动力、天然气动力、生物质能和电能营运车辆数占全市营运车辆总数比重	1分	比重在10%以上，得1分； 比重在3%～10%，得0.5分； 比重在3%以下，不得分	材料审核：根据各市统计局、交通主管部门、交通运管部门出具的统计资料，汇总测算。没有提供相关资料则得分为0分
			C2	节能绿色型公交车辆占公交车比重	%	混合动力、天然气动力、生物质能和电能公交车车辆数占全市公交车车辆总数比重	1分	比重在59%以上，得1分； 比重在38%～59%，得0.5分； 比重在38%以下，不得分	材料审核：根据各市统计局、交通主管部门、交通运管部门、公交企业出具的统计资料，汇总测算。没有提供相关资料则得分为0分
			C3	节能绿色型出租汽车占出租汽车比重	%	混合动力、天然气动力、生物质能和电能出租汽车车辆数占全市出租汽车车辆总数比重	1分	比重在68%以上，得1分； 比重在46%～68%，得0.5分； 比重在46%以下，不得分	材料审核：根据各市统计局、交通主管部门、交通运管部门、出租汽车企业出具的统计资料，汇总测算。没有提供相关资料则得分为0分

续上表

评价内容	权重	评价范围	编号	评价指标	单位	含　义	权重分解	评价标准	评价方法
运输装备	18	营运车辆	C4	厢式货车和集装箱货车占比	%	厢式货车和集装箱货车占比 = 全市拥有厢式货车和集装箱货车车辆数(辆)/全市货车车辆总数(辆)	1分	厢式货车和集装箱货车占比在4%以上,得1分; 厢式货车和集装箱货车占比在2% ~4%,得0.5分; 厢式货车和集装箱货车占比在2%以下,不得分	材料审核:根据统计部门、交通主管部门与运管部门出具的统计数据测算。没有提供相关资料则得分为0分
			C5	每万人拥有的公交车标台数	标台/万人	万人公交车辆保有量 = 全市公交车辆保有量(标台)/全市人口数(万人)	1分	万人公交车辆保有量在12标台/万人以上,得1分; 万人公交车辆保有量在8~12标台/万人,得0.5分; 万人公交车辆保有量在12标台/万人以下,不得分	材料审核:根据交通主管部门与运管部门出具的统计数据测算。没有提供相关资料则得分为0分
			C6	营运货车平均吨位	吨/辆	营运货车平均吨位 = 营运载货汽车吨位数/营运载货汽车车辆数	1分	营运货车平均吨位在8.3吨/辆以上,得1分; 营运货车平均吨位在5.5~8.3吨/辆,得0.5分; 营运货车平均吨位在5.5吨/辆之下,不得分	材料审核:各市交通主管部门出具的统计数据测算。没有提供相关资料则得分为0分

续上表

评价内容	权重	评价范围	编号	评价指标	单位	含 义	权重分解	评价标准	评价方法
运输装备	18	营运车辆	C7	车辆节能绿色新技术应用情况	—	在用车辆推广应用柴油机清洁技术、能量回收技术、热能管理技术等节能绿色新技术的情况	1分	车辆节能绿色新技术应用情况较好，得1分； 车辆节能绿色新技术应用情况一般，得0.5分； 没有推广车辆节能绿色新技术，不得分	材料审核：主要查看节能绿色新技术项目立项文件、合同、验收报告等材料。没有提供相关资料则得分为0分
		营运船舶	C8	内河船型标准化率	%	投入使用的内河船舶是否符合交通运输部发布的《全面推进全国内河船型标准化工作指导意见》和《内河运输船舶标准船型指标体系》中规定的标准化水平	拥有内河航运城市满分为1分，其他城市无该项指标	内河船型标准化率在70%以上，得1分； 内河船型标准化率在50%～70%，得0.5分； 内河船型标准化率在50%以下，不得分	材料审核：查看港航主管部门与水运企业出具的相关资料（重点是船舶资料）。没有提供相关资料则得分为0分
			C9	老旧船舶淘汰情况	—	达到淘汰标准的老旧船舶淘汰情况	拥有水路运输城市满分为1分，其他城市无该项指标	明确老旧船舶淘汰目标与任务，按照计划实现老旧船舶淘汰目标与任务，得1分； 明确老旧船舶淘汰目标与任务，未实现老旧船舶淘汰目标与任务，得0.5分； 未明确老旧船舶淘汰目标与任务，不得分	材料审核：主要查看老旧船舶淘汰专项规划、城市相关规划、船舶注销登记记录等材料。没有提供相关资料则得分为0分
			C10	沿海船舶平均吨位	吨/艘	沿海船舶平均吨位＝沿海营运船舶净载重量（吨）/沿海船舶艘数（艘）	沿海城市满分为1分，其他城市无该项指标	在3500吨/艘以上，得1分； 在3000～3500吨/艘，得0.5分； 在3000吨/艘以下，不得分	材料审核：查看港航主管部门及水运企业出具的相关统计资料测算。没有提供相关资料则得分为0分

续上表

评价内容	权重	评价范围	编号	评价指标	单位	含义	权重分解	评价标准	评价方法
运输装备	18	营运船舶	C11	内河船舶平均吨位	吨/艘	内河船舶平均吨位＝内河营运船舶净载重量(吨)/内河船舶艘数(艘)	拥有内河航运城市满分为1分,其他城市无该项指标	在1217吨/艘以上,得1分; 在812～1217吨/艘,得0.5分; 在812吨/艘以下,不得分	材料审核:查看港航主管部门及水运企业出具的相关统计资料测算。没有提供相关资料则得分为0分
			C12	节能绿色型船舶应用程度	—	混合动力、电能动力等船舶应用情况	拥有水路运输的城市满分为1分,其他城市无该项指标	混合动力、电能动力等船舶应用情况较好的,得1分; 混合动力、电能动力等船舶应用情况一般,得0.5分; 没有推广使用混合动力、电能动力等船舶的,不得分	材料审核:主要查看船舶相关购买、改造合同、项目立项文件、验收报告等材料。没有提供相关资料则得分为0分
			C13	船舶节能绿色新技术应用情况	—	船用热泵技术、低表面能涂料、余热回收技术、气膜减阻技术等船舶节能减排新技术在船舶上的推广应用情况	拥有水路运输的城市满分为1分,其他城市无该项指标	船用热泵技术、低表面能涂料、余热回收技术、气膜减阻等节能减排新技术在船舶上应用效果显著的,得1分; 船用热泵技术、低表面能涂料、余热回收技术、气膜减阻技术等节能减排新技术在船舶上应用效果一般的,得0.5分; 没有应用船用热泵技术、低表面能涂料、余热回收技术、气膜减阻技术等节能减排新技术的,不得分	材料审核:主要查看项目立项文件、合同、验收报告、工作总结等材料。没有提供相关资料则得分为0分

续上表

评价内容	权重	评价范围	编号	评价指标	单位	含义	权重分解	评价标准	评价方法
运输装备	18	营运船舶	C14	船舶污水接收处理情况	—	油污水、黑水、厨房灰水、洗涤灰水等船舶污水的接受和处理情况	拥有水路运输的城市满分为1分，其他城市无该项指标	船舶污水接收处理效果较好的，得1分； 船舶污水接收处理效果一般的，得0.5分； 没有进行船舶污水接收处理的，不得分	实地考察：对船舶污水接收处理技术应用的相关材料进行查看，并实地查看船舶污水接收处理情况
			C15	船舶垃圾接收处理情况	—	生活垃圾、油渣、废油垃圾等船舶垃圾的接收和处理情况	拥有水路运输的城市满分为1分，其他城市无该项指标	船舶垃圾接收处理效果较好的，得1分； 船舶垃圾接收处理效果一般的，得0.5分； 没有进行船舶垃圾接收处理的，不得分	实地考察：对船舶垃圾接收处理技术的相关材料进行查看，并实地查看船舶垃圾接收处理情况
		港口机械	C16	港口RTG“油改电”情况（含新购ERTG）	—	港口RTG“油改电”与新购ERTG数量占总RTG数量比重	港口城市满分为1分，其他城市无该项指标	比重在80%以上的，得1分； 比重在50%～80%，得0.5分； 比重在50%以下的，不得分	材料审核：根据交通主管部门和港口企业统计的RTG“油改电”数量测算其比重。没有提供相关资料则得分为0分
			C17	岸电技术应用情况	—	港口泊位为靠港船舶提供使用电能的设施与装备的安装建设情况	港口城市满分为1分，其他城市无该项指标	港口岸电设施已建设完成且实施效果较好，得1分； 港口岸电设施已建设完成但使用效果一般，得0.5分； 没有港口岸电设施建设计划，不得分	材料审核：主要查看港口岸电项目立项文件、合同、验收报告、港口岸电设施使用记录、电费记录等材料。没有提供相关资料则得分为0分

续上表

评价内容	权重	评价范围	编号	评价指标	单位	含义	权重分解	评价标准	评价方法
运输装备	18	港口机械	C18	港口装卸节能减排新技术应用情况	—	电能驱动和变频控制的港口装卸设备等新技术在港口装卸中的推广应用情况	港口城市满分为1分，其他城市无该项指标	港口装卸新技术应用情况较好，得1分； 港口装卸新技术应用情况一般，得0.5分； 没有推广港口装卸新技术，不得分	材料审核：主要查看相关项目立项文件、合同、验收报告等材料。没有提供相关资料则得分为0分
运输组织	20	综合运输	D1	多式联运发展情况	—	各种运输方式联运发展情况	1分	出台鼓励多式联运发展政策，并实施效果较好的，得1分； 出台鼓励多式联运发展政策，正在组织实施的，得0.5分； 无多式联运发展政策的，不得分	材料审核：查看多式联运推广或鼓励发展指导文件、多式联运合同等相关材料。没有提供相关资料则得分为0分
			D2	水运与铁路货运承运比重	%	水运与铁路货物周转量承运比重＝（水路货物周转量＋铁路货物周转量）/总货物周转量	1分	承运比重在33%以上，得1分； 承运比重在22%～33%，得0.5分； 承运比重在22%以下，不得分	材料审核：根据各城市统计局与交通运输主管部门出具的相关统计报表与数据测算。没有提供相关资料则得分为0分

续上表

评价内容	权重	评价范围	编号	评价指标	单位	含　义	权重分解	评价标准	评价方法
运输组织	20	综合运输	D3	城乡客运一体化程度	—	城市与周边城镇之间客运一体化情况	1分	调查问卷该项指标相关评分项综合得分80分以上的,得1分; 调查问卷该项指标相关评分项综合得分60～80分的,得0.5分; 调查问卷该项指标相关评分项综合得分60分以下的,不得分	问卷调查:对乘客开展问卷调查
			D4	第三方物流发展水平	—	由物流劳务的供方、需方之外的第三方完成物流服务的物流运作方式发展情况	1分	城市第三方物流承运比重较大、服务质量较好,得1分; 城市第三方物流承运比重一般、服务质量一般,得0.5分; 没有第三方物流服务或承运比重较小,不得分	材料审核:查看交通运输主管部门关于第三方物流发展的工作总结等相关材料。没有提供相关资料则得分为0分
			D5	滚装运输、江海直达运输发展情况	—	“滚装船”连车带货运输、江海直达运输两种水上运输方式的发展情况	拥有水路运输的城市满分为1分,其他城市无该项指标	出台鼓励滚装运输或江海直达运输发展政策的,已开通滚装运输航线或江海直达运输航线,得1分; 出台鼓励滚装运输或江海直达运输发展政策的,但未开通滚装运输航线或江海直达运输航线,得0.5分; 未出台鼓励滚装运输或江海直达运输发展政策的,不得分	材料审核:查看滚装运输、江海直达运输发展指导文件、合同等相关材料。没有提供相关资料则得分为0分

续上表

评价内容	权重	评价范围	编号	评价指标	单位	含义	权重分解	评价标准	评价方法
运输组织	20	公路水路运输	D6	甩挂运输开展应用情况	%	甩挂运输推广和使用效果的调查情况	1分	开展甩挂运输并效果良好,得1分; 开展甩挂运输并效果一般,得0.5分; 没开展甩挂运输,不得分	材料审核:依据甩挂运输发展规划、方案、计划和项目立项批复、合同、验收材料等相关材料,没有提供相关资料则得分为0分
			D7	营运货车里程利用率	%	营运货车里程利用率 =(总里程 - 空驶里程)/总里程	1分	营运货车里程利用率在80%以上,得1分; 营运货车里程利用率在60%~80%,得0.5分; 营运货车里程利用率在60%以下,不得分	材料审核:根据各市交通运输主管部门、运管部门及货运企业出具的统计数据测算。没有提供相关资料则得分为0分
			D8	营运客车实载率	%	营运客车实载率 = 里程利用率 × 客位利用率 = [(总里程 - 空驶里程)/总里程] × (实际载客位数/核定载客位数)	1分	营运客车实载率在70%以上,得1分; 营运客车实载率在50%~70%,得0.5分; 营运客车实载率在50%以下,不得分	材料审核:根据各市交通运输主管部门、运管部门及客运企业出具的统计数据测算。没有提供相关资料则得分为0分

续上表

评价内容	权重	评价范围	编号	评价指标	单位	含义	权重分解	评价标准	评价方法
运输组织	20	公路水路运输	D9	道路货运经营业户平均拥有车辆数	辆/户	道路货运经营业户平均拥有车辆数 = 道路货运经营业户拥有车辆数/道路货运经营业户户数	1分	拥有车辆数在2.3辆/户以上,得1分; 拥有车辆数在1.5~2.3辆/户,得0.5分; 拥有车辆数在1.5辆/户以下,不得分	材料审核:根据各市交通运输主管部门出具的统计数据测算。没有提供相关资料则得分为0分
			D10	内河货运经营业户平均拥有船舶数	艘/户	内河货运经营业户平均拥有船舶数 = 内河货运经营业户拥有船舶数/内河货运经营业户户数	拥有内河航运的城市满分为1分,其他城市无该项指标	拥有船舶数在5艘/户以上,得1分; 拥有船舶数在2~5艘/户,得0.5分; 拥有船舶数在2艘/户以下,不得分	材料审核:根据各市交通运输主管部门及港航主管部门出具的统计数据测算。没有提供相关资料则得分为0分
			D11	港口联运比例(铁水联运和水水中转)	%	港口联运比例 = 港口联运货运量/港口货物吞吐量	港口城市满分为1分,其他城市无该项指标	港口联运比例在5%以上,得1分; 港口联运比例在1%~5%,得0.5分; 港口联运比例在1%以下,不得分	材料审核:各市交通运输主管部门与港口企业出具的统计数据测算。没有提供相关资料则得分为0分

续上表

评价内容	权重	评价范围	编号	评价指标	单位	含义	权重分解	评价标准	评价方法
运输组织	20	城市公交	D12	公交出行分担率（不包含步行出行）	%	城市居民出行方式中选择公共交通（包括常规公交和轨道交通）的出行量占总出行量的比率，这个指标是衡量公共交通发展、城市交通结构合理性的重要指标	1分	公交出行分担率在15%以上，得1分； 公交出行分担率在10%～15%，得0.5分； 公交出行分担率在10%以下，不得分	材料审核：主要根据各市统计局、交通运输主管部门与公交企业出具的统计数据和报表进行测算。没有提供相关资料则得分为0分
			D13	非机动化出行比例	%	非机动化出行量占总出行量的比例	1分	非机动化出行比例在60%以上，得1分； 非机动化出行比例在40%～60%，得0.5分； 非机动化出行比例在40%以下，不得分	材料审核：根据各市交通运输主管部门出具的统计数据。没有提供相关资料则得分为0分
			D14	公众出行满意率	—	社会公众对城市出行基础设施、服务水平、便利条件等方面的满意程度	1分	公众出行满意率在90%以上，得1分； 公众出行满意率60%～90%，得0.5分； 公众出行满意率在60%以下，不得分	问卷调查：对社会公众开展交通出行满意度调查
			D15	公交车空位率	%	公交车特定时间空位数占总座位数的比重	1分	公交车平均空位率在5%以下，得1分； 公交车平均空位率在5%～40%，得0.5分； 公交车平均空位率在40%以上，不得分	实地考察：选择特定时间、特定地点开展跟车调查，根据抽样样本数据确定该市公交车一天平均空位率

续上表

评价内容	权重	评价范围	编号	评价指标	单位	含义	权重分解	评价标准	评价方法
运输组织	20	城市公交	D16	公交车正点率	%	公交车到站时间与要求时间的相符程度	1分	公交车正点率在85%以上,得1分; 公交车正点率在50%~85%,得0.5分; 公交车正点率在50%以下,不得分	实地考察:选择特定地点、特定时间对公交车到站时间进行实地记录,根据抽样样本数据确定该市公交车平均正点率
			D17	出租汽车里程利用率	%	出租汽车里程利用率=(总行驶里程-空驶里程)/总行驶里程	1分	出租汽车里程利用率在83%以上,得1分; 出租汽车里程利用率在55%~83%,得0.5分; 出租汽车里程利用率在55%以下,不得分	材料审核:根据各市交通运输主管部门及出租汽车企业出具的统计数据测算。没有提供相关资料则得分为0分
			D18	共乘交通发展情况	—	班车、校车等共乘交通发展情况	1分	推广班车、校车等共乘交通且效果较好,得1分; 推广班车、校车等共乘交通但效果一般,得0.5分; 推广班车、校车等共乘交通但效果较差,不得分	材料审核:查看鼓励共乘交通的相关政策文件,查看相关企业合乘数据,总结材料。没有提供相关资料则得分为0分

续上表

评价内容	权重	评价范围	编号	评价指标	单位	含义	权重分解	评价标准	评价方法
运输组织	20	城市公交	D19	公共自行车推广情况	—	城市政府及有关部门组织购买投放公共自行车、规划建设公共自行车停放设施、建立公共自行车租赁信息系统等推广公共自行车的情况	1分	该项指标按照累计计分方法进行打分： 开展公共自行车低价或免费租赁的，得0.4分； 建立公共自行车维护和更新制度并组织实施的，得0.3分； 将公共自行车停放设施纳入城市相关规划的，得0.3分	实地考察：到企业查看公共自行车购买合同、相关项目立项、研究、验收相关材料、城市规划等材料；现场检查公共自行车车辆及停放设施、租赁信息系统等
			D20	交通拥堵指数	—	交通拥堵指数（指定路段）=（实际出行用时－理论出行用时）/理论出行用时	1分	交通拥堵指数在1以下，得1分； 交通拥堵指数在1～2，得0.5分； 交通拥堵指数在2以上，不得分	材料审核：参考地方交通运输主管部门出具的统计数据测算。没有提供相关资料则得分为0分
智能交通与信息化	4.5	智能交通与信息化	E1	公众出行信息服务系统应用	—	公众出行服务系统、地理信息系统平台、数据库管理系统、呼叫服务管理系统、短信服务系统、信息管理中心、外场设备等部分组成的提供出行信息服务的信息化管理平台	0.5分	建立公众出行信息服务系统，实时发布公众出行信息，并提供完备出行信息咨询服务，得0.5分； 仅建立公众出行信息服务系统，未提供完备出行信息咨询服务，得0.3分； 未建立公众出行信息服务系统，不得分	实地考察：查看相关项目立项、研究、验收等相关材料；现场检查公众出行信息服务系统指挥中心，并观看其演示功能

续上表

评价内容	权重	评价范围	编号	评价指标	单位	含义	权重分解	评价标准	评价方法
智能交通与信息化	4.5	智能交通与信息化	E2	城市公交智能调度系统应用	—	为公交企业提供智能化服务管理、应急指挥等方面的调度系统	0.5分	建立公交智能调度平台，90%以上公交车辆进入此管理系统，实时监控公交车辆运行情况，得0.5分； 建立公交智能调度平台，车辆管理比例在50%～90%，得0.3分； 建立公交智能调度系统，管理车辆比例在50%以下或未建立公交智能调度平台的城市，不得分	实地考察：查看相关项目立项、研究、验收等相关材料；现场观看公交智能化平台演示
			E3	出租汽车智能调度系统应用	—	为出租汽车企业提供服务管理及应急指挥等的调度系统	0.5分	建立城市出租汽车智能调度平台，车辆安装车辆监控设备，提供出租汽车电召服务的，得0.5分； 建立城市出租汽车智能调度平台，车辆安装车辆监控设备，未提供出租汽车电召服务的，得0.3分； 未建立城市出租汽车智能调度平台的，不得分	实地考察：到出租汽车企业查看相关项目立项、研究、验收等相关材料；现场观看出租汽车智能调度系统的演示功能
			E4	物流公共信息平台应用	—	为物流企业提供物流信息服务、应急调度等信息化智能管理平台	0.5分	建立物流公共信息服务平台，物流智能优化管理效果较好的，得0.5分； 初步建立物流公共信息服务平台，物流智能优化管理效果一般的，得0.3分； 未建立物流公共信息服务平台的，不得分	实地考察：查看相关项目立项、研究、验收等相关材料；现场检查物流公共信息服务平台，并观看其演示功能

续上表

评价内容	权重	评价范围	编号	评价指标	单位	含义	权重分解	评价标准	评价方法
智能交通与信息化	4.5	智能交通与信息化	E5	物联网技术在道路运输中应用	—	无线射频识别（RFID）、智能标签、智能化分拣、条形码技术等物联网技术在本市道路运输中的应用情况	0.5分	组织开展物联网技术应用研究及试点的，得0.5分； 物联网技术应用尚处于研究阶段的，得0.3分； 尚未开展物联网技术应用研究的，不得分	材料审核：查看相关项目研究成果、试点实施方案、应用评价等材料。没有提供相关资料则得分为0分
			E6	港口智能调度系统应用	—	为港口企业提供服务管理及应急指挥等的调度系统	港口城市满分为0.5分，其他城市无该项指标	建立港口智能调度系统，港口货物和堆场的智能优化管理较好，得0.5分； 初步建立港口智能调度系统，港口货物和堆场的智能优化管理效果一般，得0.3分； 未建立港口智能调度系统的，不得分	实地考察：查看相关项目立项、研究、验收等相关材料；现场检查港口智能调度系统，并观看其演示功能
			E7	高速公路不停车收费（ETC）系统应用	—	在高速公路上拥有ETC车道的收费站数量占收费站总数的比重	0.5分	拥有ETC车道的收费站比重在60%以上的，得0.5分； 拥有ETC车道的收费站比重在40%～60%的，得0.3分； 拥有ETC车道的收费站比重在40%以下的，不得分	材料审核：根据各城市高速公路收费站数量及拥有ETC车道的收费站数量进行测算。没有提供相关资料则得分为0分

续上表

评价内容	权重	评价范围	编号	评价指标	单位	含　义	权重分解	评价标准	评价方法
智能交通与信息化	4.5	智能交通与信息化	E8	内河智能导航系统应用	—	为内河船舶提供导航服务的信息系统	拥有内河航运的城市满分为0.5分，其他城市无该项指标	建立内河船舶智能导航系统，为船舶提供导航服务效果较好的，得0.5分； 初步建立内河船舶智能导航系统，为船舶提供导航服务效果一般的，得0.3分； 未建立内河船舶智能导航系统的，不得分	实地考察：查看相关项目立项、研究、验收相关材料；现场检查内河船舶智能导航系统，并观看其演示功能
			E9	内河船舶免停靠报港信息服务系统应用	—	为内河船舶提供免停靠报港信息服务的信息系统的推广应用情况	拥有内河航运的城市满分为0.5分，其他城市无该项指标	建立内河船舶免停靠报港信息服务系统，为船舶提供免停靠报港信息服务效果较好的（船舶安装比例较高，系统稳定，服务费用较低，结算功能齐全），得0.5分； 初步建立内河船舶免停靠报港信息服务系统，为船舶提供免停靠报港信息服务效果一般的，得0.3分； 未建立内河船舶免停靠报港信息服务系统的，不得分	实地考察：查看相关项目立项、研究、验收等相关材料；现场检查内河船舶免停靠报港信息服务系统，并观看其演示功能

续上表

评价内容	权重	评价范围	编号	评价指标	单位	含义	权重分解	评价标准	评价方法
管理能力建设	6.5	机构与运行机制	F1	组织与机构情况	—	市人民政府及其交通运输主管部门对城市绿色交通运输体系建设的组织与领导情况	0.5分	建立市主管领导为组长的交通节能减排领导机构,明确各成员节能减排管理职责,得0.5分; 建立交通运输主管部门领导为组长的交通节能减排领导机构,明确各成员节能减排管理职责,得0.3分; 未建立交通节能减排领导机构,不得分	材料审核:主要查看各市成立交通运输节能减排工作领导小组(或相应机构)的发布文件、节能减排工作相关会议纪要、工作汇报与总结材料。没有提供相关资料则得分为0分
			F2	节能工作协调机制建立与运行情况	—	交通运输节能减排领导小组开展工作情况	0.5分	领导小组每年召开3次以上会议或例会,部署节能减排工作,研究解决相关问题,强化工作措施,业务部门抓好落实,得0.5分; 领导小组每年召开1~2次会议或例会,部署节能减排工作,研究解决相关问题,强化工作措施,业务部门抓好落实,得0.3分; 领导小组没有召开会议或例会,不得分	材料审核:主要在各市交通运输节能减排工作办公室查看工作部署文件、会议纪要和会议总结材料等。没有提供相关资料则得分为0分

续上表

评价内容	权重	评价范围	编号	评价指标	单位	含义	权重分解	评价标准	评价方法
管理能力建设	6.5	机构与运行机制	F3	企业联系制度建立与运行情况	—	形成管理部门与企业的长期联系制度，定期形成节能减排情况汇报材料，上报市局主管部门；定期召开会议，主管领导听取企业节能减排工作汇报，对节能减排工作计划和建议并给予答复	0.5分	发布节能减排工作制度文件，形成企业定期联系机制，交通运输主管部门开展调研，召开会议，了解企业节能减排情况，研究解决突出问题，对节能减排工作计划和建议给予答复，得0.5分； 发布节能减排工作制度文件，形成企业定期联系机制，交通运输主管部门没有开展调研和召开会议，听取企业节能减排工作汇报，研究解决突出问题的，得0.3分 没有形成企业定期联系机制，不得分	材料审核：主要在各市交通运输主管部门查看企业节能减排相关工作上报材料、会议记录、相关企业汇报文件、总结材料等。没有提供相关资料则得分为0分
			F4	节能减排目标责任评价考核制度	—	城市交通运输主管部门建立并实施节能减排目标责任评价考核制度情况	0.5分	制定并逐级分解节能减排目标，成立考核小组，对相关单位节能减排任务目标进行考核，得0.5分； 制定并逐级分解节能减排目标，但没有对相关单位节能减排任务目标进行考核，得0.3分； 没有制定并逐级分解节能减排目标，不得分	材料审核：主要在交通运输主管部门查看节能减排指标分解分配相关资料，开展节能减排目标完成情况的自查与考核相关材料，查看节能减排任务目标责任书等。没有提供相关资料则得分为0分

续上表

评价内容	权重	评价范围	编号	评价指标	单位	含义	权重分解	评价标准	评价方法
管理能力建设	6.5	机构与运行机制	F5	节能减排市场机制推进情况	—	节能减排相关的市场机制,如碳交易、合同能源管理、清洁发展机制、能效认证、领跑者制度等方面发展情况	0.5分	有开展并运行交通运输节能减排市场机制试点工作,并且效果良好,得0.5分; 有开展并运行交通运输节能减排市场机制试点工作,并且效果一般,得0.3分; 没有开展交通运输节能减排市场机制试点工作,不得分	材料审核:在各城市交通运输主管部门查看合同能源管理项目、清洁发展机制项目、碳排放交易试点项目材料和车船能效及碳排放认证等市场机制推广相关材料。没有提供相关资料则得分为0分
			F6	交通运输节能减排统计监测体系建设	—	城市交通运输主管部门建立节能减排统计监测制度、体系及碳排放核算、监测制度情况	0.5分	建立了能耗统计监测体系,并运行情况良好的,得0.5分; 建立了能耗统计监测体系,并运行情况一般的,得0.3分; 没有建立能耗统计监测体系的,不得分	材料审核:查看定期发布的交通能耗统计信息;查看开展能耗内部审计或第三方检测的相关总结报告;查看建设交通节能减排监测体系相关文件和资料,开展能耗内部监测和开展节能减排第三方监测的相关资料等。没有提供相关资料则得分为0分
		政策措施	F7	节能减排标准规范执行程度	—	城市有关主管部门落实执行节能减排标准规范及其配套政策情况	0.5分	有落实国家、省节能减排标准规范,并且执行效果较好的,得0.5分; 有落实国家、省节能减排标准规范,但执行效果一般的,得0.3分; 没有落实国家、省节能减排标准规范的,不得分	材料审核:主要在各市交通运输主管部门查看交通节能减排工作制度文件与相关会议材料,查看市交通节能减排工作配套政策与措施文件。没有提供相关资料则得分为0分

续上表

评价内容	权重	评价范围	编号	评价指标	单位	含义	权重分解	评价标准	评价方法
管理能力建设	6.5	政策措施	F8	节能减排经济激励政策(财税优惠)完善程度	—	城市有关主管部门通过节能减排专项资金等财税优惠手段形成节能减排经济激励政策的情况	0.5分	市本级财政设置交通运输节能减排专项资金,并足额落实的,得0.5分; 市本级财政有节能减排资金投入,但未设置交通运输节能减排专项资金的,得0.3分; 市本级财政无节能减排资金投入的,不得分	材料审核:主要查看各市交通运输节能减排专项资金设置及其他节能减排财税优惠政策的相关文件与资料,在交通运输主管部门查看交通运输年度投资概算等。没有提供相关资料则得分为0分
			F9	交通节能减排规划、计划制订实施	—	市交通运输主管部门编制、公布和实施节能减排、绿色"十三五"规划和中长期规划工作情况	0.5分	编制行业节能减排或绿色发展规划,并组织实施效果良好,得0.5分; 城市发展规划中包含交通运输节能减排相关内容的,得0.3分; 没有编制行业节能减排相关规划且城市发展规划中不包含交通运输节能减排相关内容的,不得分	材料审核:主要在各城市交通运输主管部门查看相关规划文件及前述各项规划实施评估报告等文件。没有提供相关资料则得分为0分
			F10	节能产品、技术组织推广	—	市交通运输主管部门在本城市辖区范围内组织推广节能减排产品和新技术、新工艺、新材料、新设备(例如温拌沥青等)的工作情况	0.5分	依据国家或行业节能减排产品目录或示范项目进行组织推广,且效果显著的,得0.5分; 依据国家或行业节能减排产品目录或示范项目进行组织推广,实施效果一般的,得0.3分; 没有推广节能减排产品、技术的,不得分	材料审核:主要在城市交通运输主管部门查看节能减排新技术、新工艺、新材料、新设备应用的汇报文件和相关资料;查看省、部级节能减排示范项目相关资料;查看市交通运输重点节能示范工程材料等。没有提供相关资料则得分为0分

续上表

评价内容	权重	评价范围	编号	评价指标	单位	含义	权重分解	评价标准	评价方法
管理能力建设	6.5	政策措施	F11	节能驾驶与操作技术培训与推广	—	组织开展车船节能驾驶技术培训与推广及港口机械节能操作技术培训与推广情况	0.5分	以下评价以累加计分方式进行： 编制车辆、船舶节能驾驶技术和港口机械节能操作技术培训方案，并按照方案开展培训的，得0.3分； 将车船节能驾驶技术培训列入培训必修课程的，得0.2分	材料审核：主要在各城市交通运输主管部门查看节能驾驶、操作培训教材、计划、方案、档案等材料。没有提供相关资料则得分为0分
			F12	城市交通供求管理政策完善程度	—	城市人民政府及有关主管部门出台城市交通需求管理政策情况	0.5分	制定城市交通需求管理政策，引导私家车合理使用效果较好的，得0.5分； 制定城市交通需求管理政策，引导私家车合理使用效果一般的，得0.3分； 没有制定城市交通需求管理相关政策的，不得分	材料审核：主要在各城市交通运输主管部门查看供求管理各项政策文件、新闻报道等材料。没有提供相关资料则得分为0分
			F13	宣传培训	—	城市交通运输主管部门加强宣传培训工作，宣传包括开展“节能宣传周”“绿色体验日”等活动，通过媒体、广告、宣传材料等手段广泛宣传绿色化交通运输知识。培训主要是市局开展节能减排相关工作人员加强理论与经验培训工作	0.5分	以下评价以累加计分方式进行： 近3年每年开展节能宣传周活动，以及其他的节能减排宣传与推广工作，得0.3分； 开展节能减排培训工作，市局每年组织系统内节能减排培训不少于1次，组织相关企业参与省、市节能减排相关培训，得0.2分	材料审核：主要查看各市交通运输主管部门开展宣传培训的通知、汇报与总结等相关材料对该指标进行评价。没有提供相关资料则得分为0分

附表 4

特色指标评价得分表(B 类城市)

特色指标	编号	含义	权重分解	评价标准	评价方法
城市交通运输整体形象	G1	城市交通网络布局、交通环境、社会氛围、市民绿色交通意识等城市交通运输整体形象情况	0.5 分	交通网络布局合理、配套完善、环境优美,设施、设备与管理现代化水平较高,便捷化、人性化程度高,与自然和谐;道路、车站(公交车站、长途汽车站、火车站)等服务高效、文明有序;市民绿色出行与交通消费意识强	听取汇报及整体观察
公共交通导向(TOD)理念在城市规划中应用情况	G2	公共交通导向(TOD)理念在城市新城建设或旧城改造规划中的应用情况	0.5 分	城市交通规划与城市规划协调融合程度,公共交通导向(TOD)理念在城市规划中得到应用情况	材料审核:查看城市交通规划、城市规划等材料;整体观察:对公共交通导向(TOD)理念在本市城市规划中应用情况进行整体观察
绿色试点示范	G3	入选国家、各部委有关绿色试点示范的情况	0.5 分	绿色交通运输体系建设试点、公交都市示范、节能减排财政综合性示范、节能与新能源汽车示范应用、甩挂运输试点、绿色城市、智能交通等与绿色交通城市相关的示范试点,或有项目列入交通运输部节能减排示范项目等	材料审核:查看各项示范试点文件等材料
城市荣誉称号	G4	城市获得国家、有关部委授予的节能绿色相关荣誉称号情况	0.5 分	荣誉称号包括:绿色城市、宜居城市等	材料审核:查看荣誉证书或批文等材料

参 考 文 献

[1] 石京. 低碳经济与低碳交通发展[J]. 建设科技,2010,(17):22-25.

[2] UK Government. Energy White Paper, Our Energy Future: Creating a Low Carbon Economy[R]. 2003.

[3] 杜群飞. 发展低碳交通的模式、思路和措施研究[J]. 建设科技,2011(10).

[4] 宿凤鸣. 低碳交通的概念和实现途径[J]. 综合运输,2010(5).

[5] 李晔,包瑨,王显璞. 低碳交通体系的内涵、构建战略及路径[J]. 建设科技,2011(17).

[6] 徐建闽. 我国低碳交通分析及推进措施[J]. 城市观察,2010(4).

[7] 张志俊. 低碳交通建设统计监测指标体系的构建与调查方法的确立[J]. 统计与决策,2011(8).

[8] 向爱民,宿凤鸣. “十二五”我国发展低碳交通的基本途径[J]. 综合运输,2010(12).

[9] 周珂,梁文婷,李姗姗. 论构建我国低碳交通运输法律体系[J]. 法治研究,2011(2).

[10] 杨雪英. 更加绿色的未来——英国低碳交通发展思路[J]. 交通建设与管理,2010(11).

[11] 李忠奎,欧阳斌. 节约型公路水路交通发展循环经济指标体系研究[D]. 北京:交通运输部科学研究院,2008.

[12] 李健. 低碳公路运输实现途径与碳排放交易机制研究[D]. 西安:长安大学,2013.

[13] 魏庆琦,赵嵩正,肖伟. 我国交通运输结构优化的碳减排能力研究[J]. 交通运输系统工程与信息,2013,13(3):10-17

[14] 郭杰,伊文婧. 中国低碳交通发展的几点思考[J]. 中国能源,2013,35(10):40-44.

[15] 郭杰,陈建营,欧阳斌. 中国区域低碳交通运输发展评价指标体系研究[J]. 综合运输,2012,6:15-20.

[16] 交通运输部. 绿色低碳交通运输发展年度报告 2012[M]. 北京:人民交通出版社,2013.

[17] 交通运输部. 绿色低碳交通运输发展年度报告 2013[M]. 北京:人民交通出版社股份有限公司,2014.

[18] 交通运输部. 绿色交通发展年度报告 2015[M]. 北京:人民交通出版社股份有限公司,2017.